JESÚS
ES LA
PREGUNTA

?

ALEX SAMPEDRO

e625.com

Jesús es la pregunta
Alex Sampedro

Publicado por especialidades625® © 2019
Dallas, Texas.

ISBN 978-1-946707-27-7

Todas las citas Bíblicas son de la Nueva Biblia Viva (NBV) a menos que se indique lo contrario.

Editado por: Virginia Bonino de Altare
Diseño de portada e interior: Creatorstudio.net

CONTENIDO

Para Martín, mi hijo;
porque escribir un libro es viajar al futuro.

PRÓLOGO

Me apasionan las preguntas porque preguntar es un arte que trato de dominar. El cerebro necesita las preguntas, son su oxígeno. La neurociencia recientemente exhibe que esta máquina maravillosa creada por Dios consume cantidades ingentes de energía para llevar a cabo sus procesos, especialmente aquellos que son creativos como pensar, reflexionar, proyectarse hacia el futuro y resolver problemas complejos y no es de extrañar entonces, que practicar esos procesos, en muchas ocasiones, nos deje totalmente exhaustos. Por tanto, si se los puede evitar, lo hace. Tú y yo hemos exclamado en más de una ocasión: "¡No quiero pensar en eso! ¡Estoy cansado de pensar!" y por eso es tan importante que seamos ejercitados en el arte de hacer preguntas.

El cerebro no quiere complicaciones y si puede simplificar procesos lo hará. Prefiere mensajes precocinados, ya masticados, simplificados que no le hagan consumir demasiada energía. Sin embargo, la ciencia nos ha enseñado que, del mismo modo que un perro no puede resistir ir detrás de un hueso, tampoco el cerebro se puede resistir a correr tras una buena pregunta. Se activa, se pone en marcha, le obliga a darle vueltas y más vueltas al asunto. Se queda latente en el subconsciente. ¿Qué es una buena pregunta? Aquella que tiene la capacidad de generar reflexión. ¿Qué es reflexión?, te estarás preguntando. Es inclinarse hacia atrás para poder ganar distancia y perspectiva y, de ese modo, poder tener una mejor comprensión de un tema y situación. Y aquí radica la importancia de este libro de Alex: Jesús es la mejor pregunta.

La iglesia debe hablar menos, escuchar más y preguntar más. Alex nos enseña en este libro que el Dios de la Biblia siempre está haciendo preguntas y nos acompañará a visitar algunas de las que son claves y cruciales. Nos mostrará a Jesús como el hacedor de preguntas. Preguntas que activan el cerebro y le obligan a pensar y definirse –sea de modo consciente o inconsciente– acerca de quién es Jesús, quiénes somos nosotros, quién es nuestro prójimo, qué es la vida y qué sentido, si alguno, tiene la misma. Este libro nos desafía a, en imitación de Jesús, ser una iglesia que presente más preguntas que respuestas. Preguntas que hagan que el mundo pueda reflexionar y active esos cerebros perezosos, anestesiados por la sociedad y por los mensajes masticados y domesticados de los medios de comunicación que inhiben nuestra capacidad de reflexionar. Sin mencionar que, en la iglesia, a imitación de la sociedad, hablamos y respondemos, pero hacemos pocas preguntas que generen reflexión.

Con frecuencia lo que las personas necesitan es simple y llanamente que alguien les haga las preguntas correctas que enciendan en sus mentes y corazones los procesos correctos, que den pie a que el Espíritu Santo pueda dar las respuestas.

Sin duda el libro de Alex podrá definirse como provocador, ¡y lo es!, en el sentido etimológico de la palabra. Provocar es el intento de producir algo en alguien. Provocar es llamar para hacer salir. Este libro nos llama a reflexionar sobre Jesús como pregunta, y en qué medida nosotros, en imitación suya, estamos siendo preguntas vivas para cerebros cansados de respuestas y ávidos de preguntas que los activen. Si buscas respuestas, y que estas sean fáciles, no leas este libro. Sin duda, que te generará preguntas porque ese es su propósito. Dejará tu cerebro activo, obligado a reflexionar sobre lo que irás leyendo y los interrogantes que te irá planteando. Ese es el propósito de esta obra, es lo que Alex busca.

Si has llegado hasta este punto de tu lectura y no has abandonado, ¡felicidades y mi gratitud! He de reconocer que es muy raro que yo lo haga porque me gusta hacerle mis propias preguntas y evaluación a un libro así que me siento halagado de que hayas leído hasta acá. Para acabar, déjame que te haga esta pregunta: *¿de qué modo deseas que este libro mejore tu seguimiento de Jesús?*

Félix Ortiz
Autor, pastor y coach

PRELUDIO

¿POR QUÉ ESTÁS LEYENDO ESTE LIBRO?

"Cristo es la respuesta para el mundo hoy
Como Él no hay otro, Cristo es el Señor.
Cristo es la respuesta para el mundo hoy
Como Él no hay otro, Cristo es el Señor.

Si tienes tú problemas en el fondo de tu alma
Si tienes mil preguntas sin poder contestar
Acepta a Jesucristo, Él te ayudara
Entonces tus preguntas Él contestará".

Andraé Crouch[1]

Es todo un himno, una mítica canción que elevaba nuestros corazones a la esperanza, Cristo es la Respuesta, sin "duda".

En aquellos años, todo estaba cambiando, también la forma de entender la verdad en el mundo pop. Los años '60 y '70 supusieron una revolución en el pensamiento, en la cultura y en la sociedad.

Había una decepción generalizada en el "progreso" y el postmodernismo desembarcó con todos sus presupuestos: la desaparición del sujeto, la destrucción de la historia y de las metanarrativas; los grandes relatos carecían de sentido y, como afirma Francis Schaeffer, "huimos de la razón". Ya nadie se creía nada y las grandes preguntas como ¿quién soy?, ¿de dónde vengo?, ¿hacia dónde voy?, ¿cómo debo actuar?, no solo no eran respondidas, sino que ¡carecían de importancia!

Después del mayo de 1968 con sus revueltas estudiantiles en Francia, con huelgas masivas que se propagaron por todo el mundo y que cuestionaban el statu quo que jamás volvió a recuperar la autoridad de antaño, nada volvió a ser igual. Se hicieron muchas preguntas, pero las respuestas no parecen convencer nunca a nadie por demasiado tiempo. La vida no

---

1 *Jesús es la Respuesta (Jesus is the Answer)*, 1973. Andraé Crouch es considerado el padre del góspel moderno.

tiene sentido así que, invéntate tu propio sentido, parafraseando a Jean-Paul Sartre, padre del existencialismo francés.

Y "de aquellos polvos, estos lodos". Somos herederos de esos movimientos, hijos de aquellos padres. Hoy en día, las preguntas más profundas ya no se verbalizan, han sido sustituidas por eslóganes baratos, respuestas facilonas y filosofía superficial para "sobre-vivir". Cuando una cultura pierde su profundidad se llena de clichés.

Solo hay que escarbar un poco y preguntar por qué los jóvenes quieren estudiar una carrera, o por qué deberíamos salvar el planeta, ser ecologistas, o cómo amar a una persona para siempre si eso ya no tiene sentido; si vale la pena vivir o morir por algo... Tarde o temprano en la conversación te das cuenta de que no hay un ancla donde sostener sus posiciones y que solo se están dejando llevar por la corriente. La gente ya no pregunta de verdad. No vemos "más allá" de nuestros individualismos o nuestro colectivo egoísta y solo nos interesa "el bien" que nos pueda hacer "sentir bien".

La trascendencia se ha cambiado por la conveniencia. Disfrazada de buenas causas que solo son una dosis de bondad para calmar nuestras conciencias.

Huimos hacia adelante, con un nuevo trabajo, un nuevo hobby, una nueva relación o experiencia, y no tenemos tiempo de parar para reflexionar y preguntarnos acerca de la realidad. La famosa "rat race" como estilo de vida. Además, la sociedad está acelerando, como la gravedad. Seguimos cayendo, cada vez más rápido, hacemos más cosas a la vez y tenemos menos tiempo para todo, ¡qué gran contradicción! Por eso, que Jesús sea la respuesta puede ser totalmente irrelevante hoy en día.

A lo mejor, es necesario que *Alguien* vuelva a preguntar. Quizá solo una buena pregunta nos pueda despertar de este letargo. Una pregunta podría frenarnos en medio de esta locura, abrir el paracaídas o el parapente y quizá planear un poco contemplando el paisaje.

Una pregunta es como un beso: nos activa irremediablemente y hace que el tiempo se detenga. Y nos puede detener de este modo de vida en "automático" (del griego: movido por sí solo).

Como la bella durmiente, la Iglesia necesita ser besada para despertar.

Sé que Jesús es la respuesta para el mundo de hoy, pero sé que antes, debe ser la pregunta para el mundo de hoy.

La buena pregunta

Dar una respuesta que no te han preguntado es estar desubicado. Y me gustaría que fuésemos una Iglesia ubicada en su contexto. Por eso escribo estos episodios, y a lo mejor tú estás leyendo esto porque buscas respuestas, o en realidad, buscas preguntas.

Buenas preguntas. Porque las preguntas amplían tu mente, te hacen ver realidades que no veías, remueven tus conceptos, te hacen pensar, te llevan más alto y más profundo. Con buenas preguntas puedes cuestionar la realidad, e imaginar alternativas, otras maneras de procesar y de sentir. Si no hay preguntas, no hay libertad de acción, no hay oportunidad para el cambio.

Y pensar no duele.

Una buena pregunta puede movilizarte hacia delante, *im-pulsarte*. Y aunque no encuentres la respuesta definitiva, el camino en sí ya vale la pena. Jesús es el camino, vale la pena.

Es casi magia. Algo ocurre en nuestro cerebro cuando nos hacen una pregunta. Todo se activa, casi de manera automática para generar algo nuevo, una respuesta creativa.

Hacer una pregunta es como darle a "on" a un dispositivo. Esto no siempre ocurre cuando solamente estás hablando, en modo monólogo, intentado soltar un "sermón que transforme las vidas". Muchas veces el cerebro de la gente simplemente está apagado, aunque lo que estés diciendo sea el mensaje más importante de la historia. Pero cuando preguntas, se conectan. Si preguntas bien.

Y si no recibes preguntas de fuera, un ejercicio muy saludable es cuestionarte a ti mismo. Es como darte "on", la libertad de pensar. Preguntar es existir, equivocarte es vivir; corregir el rumbo es ser consciente, saber que no sabes es un buen principio. Como dijo el preclaro de San Agustín: "*si enim fallor, sum*", si me equivoco existo.

Pensar, por ti mismo. Así no seremos simplemente "retuits" del pensamiento de otros, algo demasiado típico en nuestros tiempos, donde solo repetimos como loros, sin reflexión profunda, y por eso los errores se multiplican y se esparcen sin que nadie los "cuestione".

La alternativa al dinamismo de cuestionarte es quedarte quieto. Ser un lugar de paso para las ideas, pero no un creador de ideas. Un huésped de las ideas de otros, intrusas que habitan nuestras mentes sin permiso. Quedarte quieto, pensando que tienes respuesta para todo, es estar muy muerto. No interrogar tus presupuestos, creerlo todo "porque sí" te da una falsa seguridad que tarde o temprano se tambalea.

"No hay preguntas tontas, sino tontos que no preguntan", me decía mi padre constantemente. Supongo que hasta cierto punto es cierto. El que se interroga mucho, adquiere nuevas destrezas, nuevas respuestas que le llevan a nuevas preguntas, siempre aprendiendo. "Aprendizaje continuo", lo llaman ahora. "No pretendo haberlo alcanzado ya" decía Pablo de Tarso.

Una pregunta podría resucitarte: "¿Crees esto?" le dijo Jesús a Marta en Juan 11 cuando hablaban de la cuestión que más preguntas y miedos ha generado en el ser humano: la muerte.

La respuesta podría desestabilizarte y descubrir que tu vida estaba fundada en la arena. Una tormenta de preguntas podría hacer caer tu casa, no pasa nada, a partir de ahí puedes volver a construir sobre la roca. Una roca a la que le encantaba hacer buenas preguntas. Una Roca Viva. De hecho, la historia de la humanidad, tal como la conocemos ahora, arrancó con una pregunta. Es la cuestión que propulsó la historia humana.

Porque la Biblia, ese libro sagrado único en su especie, está lleno de preguntas y de incógnitas. No te sorprendas, si al abrirla, encuentras más interrogantes que respuestas contundentes e inamovibles. No te extrañes si la Biblia te cuestiona; no te extrañes de que el Dios omnisciente haga preguntas sinceras. Jesús es la respuesta, por supuesto, pero Él quiere cuestionarnos para darnos una roca firme en la que sostener nuestra vida, quiere que nos preguntemos acerca de todo, para poder obtener la respuesta, no a nuestras preguntas, sino a nuestra vida. Comencemos a cuestionar, a cuestionarnos... Y comencemos por el principio, de todo.

En un mundo donde todo el mundo sermonea, quizá es un buen momento para hacer preguntas que acerquen a las personas a Dios, a la realidad de Dios, al Reino de Dios.

Acompáñame al génesis de las preguntas.

EPISODIO I
EL GÉNESIS DE LAS PREGUNTAS

Desde el comienzo Dios le ha hecho preguntas al ser humano.

La pregunta 0

"¿Dónde estás?".

Génesis 3:9

En el principio...

Estaban agazapados, paralizados, aterrorizados, llenos de fantasmas y temores. ¡Estaban desnudos! Antes no tenían ropa, pero no estaban desnudos. Antes, todo estaba claro como el mediodía; se sabían amados, creados, empoderados, responsables, enviados... Ahora todo eso había cambiado. Habían tomado conciencia, del Bien y el Mal.

Estaban huyendo, a su manera, del ser que les amaba, la única fuente de amor del universo. Se escondían de Aquel que era su luz, de la única esperanza que tenían. ¿Qué va a hacer con nosotros? Intentaron resolver el entuerto y lo único que se les ocurrió fue arrancar unas hojas de higuera –supongo que eran las más grandes que había a la mano–, y taparse. No querían enfrentarse a su desnudez, a su interrogante, sino que intentaban ocultarlo, ponerle capas encima que les impidiese ver "realmente" lo que pasaba, e intentar así evitar las consecuencias y vivir desde entonces escondiéndose.

Adán y Eva esperaban la respuesta implacable de Dios, quien les había dado todo, pero a quien ellos habían traicionado. Habían confiado más en los argumentos engañosos y sibilinos de la serpiente antigua que en la confianza que el Dios creador les había dado dejando el Árbol del Conocimiento del Bien y del Mal en el jardín: "¿Es verdad que Dios ...?", porque también hay preguntas diabólicas, sobre todo aquellas que nos hacen dudar de Su amor, más que de Su existencia.

Ese árbol es el árbol de todas las respuestas: una tentación muy grande; el árbol de saberlo todo, el Bien y el Mal, la luz y la oscuridad, lo correcto y lo incorrecto. Una independencia moral que aún hoy anhelamos; porque la historia del Edén es nuestra historia, la tuya y la mía.

Desde el principio de los tiempos, el ser humano escucha una pregunta, intentando huir de Dios, la primera frase que escuchó de ese Dios que se mueve fue: "Adán, ¿dónde estás?" Pero, si Dios lo sabe todo, ¿por qué pregunta?

Él quería entablar un diálogo con Adán y Eva. El capítulo 3 de Génesis es el principio de la historia tal como la conocemos hoy, llena de gente rota, y ahí Dios no se cansa de preguntarnos:

> "– ¿Quién te dijo que estás desnudo? —le preguntó Dios el Señor—.
> ¿Acaso comiste del fruto del árbol que te ordené que no comieras?".
>
> Génesis 3:11

No sé dónde estoy, a veces desnudo, a veces huyendo, escondido, avergonzado o confundido. Quizá Él pueda decirme dónde estoy. Dios interroga: ¿quién te enseñó? ¿Quiénes son tus maestros para que llegues a esas conclusiones equivocadas? ¿En quién confías ahora? ¿Cuál es tu punto de vista de la vida en este momento? ¿En quién tienes fe?

"¿Dónde estás?" sigue retumbando en mis oídos de Adán del siglo XXI. El Dios que nos cuestiona quiere que pensemos acerca de nosotros mismos. ¿Dónde estamos? Porque ser y estar son dos verbos muy parecidos, tanto así que en inglés se usa el mismo significante "to be" para los dos: ¿dónde eres? ¿Qué lugar ocupa tu vida? ¿Qué sentido tiene ahora? ¿Cuál es el contexto de tu vida, el paisaje en el que vives? ¿Cuál es tu cosmovisión?

Todos tenemos un punto de vista de la vida que determina nuestros actos. Todos confiamos en alguien, todos tenemos fe. Nos fiamos en último término de una voz que nos dice quiénes somos. En definitiva, una cosmovisión, un prisma desde el que interpretarlo todo.

Los cristianos no somos gente de fe, frente a otros que no tienen fe.

No.

Todos tenemos fe en algo, en alguien, todos partimos de una confianza a priori. Por eso Dios quiere en primer lugar hacernos ver dónde estamos, quiere que tomemos conciencia de la situación para poder reaccionar, para intentar volver al lugar al que pertenecemos.

Dios nos invita a pensarnos, a conocernos, desde Él. El autoconocimiento es uno de los regalos más grandes que Dios nos ha dado, saber que somos, que existimos, que estamos aquí y ahora. Esta es la primera pregunta para despertar, el primer beso.

Pero no lo aceptamos, nos llenamos de excusas y no estuvimos dispuestos a reconocer nuestros errores. Eso trajo terribles consecuencias para nosotros. Y ya en nuestro génesis, no quisimos responder a Dios con sinceridad.

La historia comenzó, y aparecieron los primeros humanos nacidos: Caín y Abel. Su relación mutua produjo en Dios una nueva pregunta, la primera que Dios realizó a un nacido de mujer.

DESDE EL PRINCIPIO EL SER HUMANO ESCUCHA UNA PREGUNTA: "¿DÓNDE ESTÁS?".

LA PREGUNTA 1

"Entonces el Señor le preguntó: '¿Por qué estás tan enojado y andas amargado?'".

Génesis 4:6

"Poco tiempo después el Señor le preguntó a Caín:
— ¿Dónde está Abel, tu hermano?

Caín le contestó:
— No lo sé. ¿Acaso tengo la obligación de cuidar a mi hermano?".

Génesis 4:9

Las relaciones personales son el ecosistema de nuestras mayores frustraciones y dudas, porque nos comparamos, porque nos sentimos defraudados, porque nos hacen daño o lo hacemos nosotros. Son el abono del rencor y de la culpa. Y andamos como Caín: enfadados y amargados. Es una buena definición de la esencia de la sociedad de hoy. Como respuesta a esas vivencias respondemos hundiendo a otros, compitiendo para ser el mejor, haciendo lo que sea necesario.

Caín es el primer hermano mayor de la historia, y como tal, fue un envidioso. Y mató a Abel, conocemos la narrativa.

Y de nuevo Dios no le juzga en un primer momento, sino que se acerca y le hace una pregunta.

¿Dónde está tu hermano? Ya no es la pregunta o, dónde estoy yo, sino dónde está mi prójimo. Dios nos lleva de pensar en nosotros mismos a pensar en el otro. Del *Yo* al *Tú*, a reconocer la conciencia de alguien fuera de mí. Dios sabía dónde estaba Abel. Abel estaba con Dios en ese momento, Dios no necesitaba preguntar, pero quiere hablar con Caín: ¿dónde está tu hermano?

Y Caín le responde amenazante con otra pregunta: *"¿Acaso tengo la obligación de cuidar a mi hermano?"*.

Yo le hubiera contestado con un rotundo sí. ¡Claro que sí! Esa es la única manera de ser humano. Pero Caín rechaza lo que es su responsabilidad, su narcisismo lo ha vencido y ha sido capaz de "des-preciar" a su hermano pequeño. Por eso se ha deshumanizado. No sabe que, haciendo daño a su prójimo, él mismo se hace daño.

Martin Buber, en su libro *"Yo y tú"* nos plantea que solo podemos vivir la verdadera humanidad tratando a los demás como un *Tú*, alguien que merece mi amor y respeto. Esto se opone a tratar a los demás como un *"Ello"*, un objeto del que puedo hacer uso, un problema a resolver.

Nuestra sociedad tiende a cosificar a las personas, nos anima a que las veamos como medios para nuestros fines. Consumidores o productos de los que hacer uso. Pero en el Génesis, Dios con sus incisivas preguntas nos impulsa a ver a los demás como un *Tú*, alguien con valor, que debe ocupar un espacio en nuestro corazón. Solo así podemos ser verdaderamente humanos. Caín no quiso responder y se evadió, eligió su egoísmo antes que reconocer su error, como su padre Adán. Ese choque de relaciones personales mató a una cuarta parte de la población mundial, un porcentaje altísimo.

Me pregunto si hoy seguimos con ese porcentaje.

¿Dónde estás?, ¿dónde está tu hermano?, siguen resonando como preguntas de Dios hacia nosotros.

Jesús resumirá lo que significa ser verdaderamente humano con dos mandamientos: amar a Dios sobre todas las cosas y a tu prójimo como a ti mismo.

Solo con una relación con Dios en transparencia y vulnerabilidad, sabré responder dónde estoy, dónde "soy"; solo amando a mi prójimo y tratándolo como un *Tú*, como Dios me trata a mí, podremos construir sociedades llenas de justicia, paz y gozo.

Hoy en día todos tienen discursos de justicia en la boca, según la entiende cada uno. Pero si quieres saber cuál es su "verdadera verdad" observa cómo tratan a sus prójimos, porque esa es su verdad. Dios en el Génesis lo sabía, Jesús lo sabía. Por eso toda la ley moral se resume en "ama a tu prójimo como a ti mismo" (Gálatas 5:14). ¿De qué sirven grandes causas y motivaciones si nuestro prójimo, la persona que tenemos cerca no se ve afectada positivamente por ella? Esa cosmovisión entonces, es solo un castillo de naipes. Porque finalmente tú no crees lo que dices que crees, en el fondo, tú crees lo que haces.

Estas preguntas desde el cielo son las que dan sentido a nuestra vida, las que nos pueden despertar. Son las que debemos hacer a aquellos que nos rodean, pero no para juzgarles, sino para que tomen conciencia. Quizá de su "in-co-herencia", heredada de sus padres. Tal vez yo mismo debo despertar a mi incoherencia. "Álex, fantástico todo lo que crees, lo que dices que crees, lo que escribes y predicas, pero... ¿dónde está tu hermano?".

FANTÁSTICO TODO LO QUE CREES, PERO... ¿DÓNDE ESTÁ TU HERMANO?

Estas preguntas divinas son las que nos despiertan a la realidad. Citando a un genio: "To be or not to be".

"Ser, o no ser, esa es la cuestión.
¿Cuál es más digna acción del ánimo,
sufrir los tiros penetrantes de la fortuna injusta,
u oponer los brazos a este torrente de calamidades,
y darles fin con atrevida resistencia?
Morir es dormir. ¿No más?
¿Y por un sueño, diremos, las aflicciones se acabaron
y los dolores sin número,
patrimonio de nuestra débil naturaleza? ...".

Hamlet, William Shakespeare, 1603

Que Dios nos ayude a despertar.

EL PADRE DE LA DUDA

Era un errante –esa fue siempre su esencia desde que Dios le dijo que saliera de su tierra y su parentela–, y todo el mundo lo conoce como el padre de la fe: Abraham, padre de multitudes, de todos aquellos que creen. El primer hebreo, el primer errante. El que camina, a veces sin tener muy claro hacia dónde, que no ha llegado a su destino. Habló muchas veces con Dios, amigo de Dios le llama la Escritura. Y como amigo de Dios, le hizo muchas preguntas sinceras, y muy interesantes. Tanto es así, que me atrevería a decir que no solamente es el padre de la fe, sino también de las dudas. De hecho, antes de ser el padre de la fe, fue el padre de la duda:

"Abram, no tengas miedo, porque yo te protejo, y te voy a dar una recompensa muy grande.

Pero Abram contestó:
—Mi Señor y Dios, ¿para qué me servirá todo lo que me vas a dar, si no tengo hijos? En ese caso, como no me has dado un hijo, todo lo que me regales le quedará a Eliezer de Damasco, que es uno de mis criados.

Entonces el Señor le dijo:
—Vas a tener un hijo, y será él quien se quede con todo lo que tienes. ¡De modo que ningún extraño se quedará con tus bienes!".

Génesis 15:1-4

¿Te imaginas que Dios te diera una promesa como la que le dio a Abraham? Lo último que se te ocurriría sería preguntarle acerca de la herencia y los hijos. Pero así era él. Y hay más:

"Y le dijo:
—Yo soy el Señor que te saqué de la ciudad de Ur de los caldeos, para regalarte esta tierra.

Pero Abram le respondió:
—Mi Señor y Dios, ¿cómo podré estar seguro de que me la vas a regalar?".

Génesis 15:7-8

¿En serio, Abraham? ¡Te lo está diciendo Dios! Abraham estaba reticente, aun cuando Dios le estaba hablando como el que habla con un amigo. Después de esto Dios hizo un ritual, un pacto, para darle seguridad a Abraham. Porque así es Dios. Pero hay más:

"Al anochecer, Abram se quedó profundamente dormido, y se sintió rodeado de una oscuridad aterradora.

Entonces el Señor le dijo:
—Abram, ten la seguridad de que tus descendientes van a vivir como esclavos en una tierra extraña, y los tratarán mal durante unos cuatrocientos años".

Génesis 15:12-13

Abraham (Abram) tuvo una extraña sensación por la noche, quizá Dios no le había dicho todo, así que el Señor, para darle seguridad, le anticipó lo que ocurriría con sus descendientes, lo bueno y lo malo. Pero hay más:

"Dios también le dijo a Abraham:
—Tu esposa ya no se llamará Saray, sino Sara (Princesa). Yo la bendeciré y te daré un hijo de ella. La bendeciré tanto, que será madre de naciones y de reyes. Abraham se inclinó hasta tocar el suelo con su frente, y se rio de pensar que un hombre de cien años pudiera ser padre, y que Sara pudiera tener un hijo a los noventa años".

Génesis 17:15-17

En esta escena, ya casi entramos en lo cómico. Cuando Dios le dice que va a tener un hijo, Abraham se inclina, hasta poner la cara en el suelo, pero nos queda la duda de si es por reverencia o para taparse la cara, porque no podía aguantarse la risa. Le parecía un chiste. Estaba físicamente arrodillado, pero dudaba hasta el punto de reír.

Dios se lo tomó bien, y le devolvió la broma. Su hijo, cuando naciera, se llamaría Isaac, es decir, risa. Así se tratan los amigos.

La duda es sumamente importante en la vida de fe. Obvio, también existe una duda nociva. Los fariseos tenían muchas preguntas, pero no eran preguntas que pretenden aprender, descubrir algo nuevo, sanar. No. Eran preguntas trampa, capciosas y totalmente infructíferas. No es el caso de Abraham. Él quería aprender, aunque son preguntas duras, confrontando de manera sincera a Dios, planteándose si lo que Él decía era verosímil. Pero es una confrontación desde la genuina necesidad de descubrir, de aprender. Por eso Abraham, antes de ser padre de la fe, es padre de la duda genuina, aquella que te propone cambios, oportunidades. Una duda que te abre puertas a la fe. Con una buena actitud, hasta con buen humor.

Y así debemos ser nosotros. ¿Tenemos preguntas genuinas acerca de Dios? Hagámoslas. Debemos descubrir nuestro corazón y el de nuestro prójimo, si nuestros cuestionamientos acaso pretenden acercarnos a la verdad, o a "nuestra verdad". Porque finalmente, la fe no es una cuestión de una seguridad absoluta de todo, sino de una confianza a pesar de las dudas y el miedo, como Abraham, y de tomar decisiones con valentía en medio del temor. Porque la fe, si no tienes dudas, no es necesaria. Como el valor, solo es necesario cuando hay temor. Si no tienes temor, no eres valiente, eres un temerario.

Me dan miedo las personas que están seguras de todo. Los cristianos que tienen respuesta para todo, creyendo que eso es fe. Insisto, cuando estás seguro de todo, no necesitas fe. Abraham, el inseguro que confió en Dios, se convirtió en el padre de la fe, porque le conoció, entregó sus dudas a Dios; siguió conviviendo con ellas, y cada vez que la sombra de la inseguridad le venía, observaba a su hijo, y le daba la risa.

MOISÉS DUBITATIVO

Hay preguntas que nacen de nuestras inseguridades, pero no por ello son malas preguntas. Son el reflejo de nuestro corazón, y verbalizarlas delante de Dios es honesto. Nuestras inseguridades nacen de nuestro pasado, de nuestros errores, heridas y traumas. De nuestros intentos frustrados, de aquellas falsas seguridades que se rompieron en el camino, que nos hicieron tropezar, y que ahora nos limitan, pero a la vez forman nuestro carácter.

Y quizá todo ese bagaje es parte del proceso de Dios en nuestras vidas, para desarrollar competencias que sería imposible obtener sin pasar por esas "crisis de fe".

Los años de esclavitud que Dios vaticinó a Abraham se cumplieron. Y Dios preparó un salvador: Moisés, que sería conocido como el hombre más manso de la tierra. Cuarenta años en el poder, el statu quo de Egipto, le dieron toda la seguridad del mundo, tenía muy claro quién era y de lo que era capaz, hasta que se dio cuenta, por experiencia propia, de que no lo era. Huyó después de un intento fallido de hacer justicia y vivió otros cuarenta años en los márgenes, rumiando aquel error, sintiéndose y sabiéndose incapaz. Un fracaso nos llena de dudas e inseguridades. Se dedicó a pastorear ovejas por las montañas. Cuando subía por las laderas su única compañía eran sus pensamientos recurrentes; a lo mejor imaginaba que no había cometido aquel error que había marcado su destino para siempre.

Y entonces vio una zarza ardiendo. Al principio no le extrañó. En aquel lugar semidesértico era normal que una zarza seca pudiera arder: el calor y otros factores podían provocar pequeños incendios. Se acercó y descubrió que ardía, pero no se consumía.

Y Dios comenzó a hablar.

Ese encuentro de la zarza ardiendo es una de las imágenes más evocadoras que impresionan mis sentidos en el Antiguo Testamento. El momento sagrado que se nos permite contemplar es sublime. Será la primera vez que Dios se revelará a un pueblo, y llama a Moisés para cumplir con la misión. Pero vemos a un Moisés muy humano, que no dice "sí" a la primera; mira sus dudas, me lo imagino sudando, cerca del fuego, contemplando esa maravilla, escuchando la voz de Dios, con los pies descalzos, y aun así, necesitará la ayuda de esa Voz para decidirse.

PORQUE LA FE, SI NO TIENES DUDAS, NO ES NECESARIA.

"– ¡Moisés, Moisés!

– ¿Quién me llama? —preguntó Moisés.

—No te acerques —le dijo Dios—. ¡Quítate las sandalias, porque estás pisando tierra santa! Yo soy el Dios de tus padres, el Dios de Abraham, de Isaac y de Jacob.

Moisés se cubrió el rostro con ambas manos, porque tenía miedo de mirar a Dios".

Éxodo 3:4-5

Moisés pregunta, no sabe muy bien con quién está hablando, y Dios es claro: es el Dios que hablaba con Abraham, el que dudaba pero le creyó a Dios; el Dios de Isaac, el de la risa, y el Dios de Jacob, el que luchó con Dios y que fue bendecido en Peniel. Estaba claro quién era. Y entonces se tapó la cara por miedo (¿?). Pero hay más:

"Ahora te voy a enviar al faraón, para que saques a mi pueblo de Egipto.

—Pero, yo no soy la persona adecuada para esta tarea —le dijo Moisés a Dios".

Éxodo 3:10-11

A ver: una zarza ardiendo, Dios que te está diciendo que hagas aquello que querías hacer hace cuarenta años... ¡dale un voto de confianza, Moisés! Pero el peso de la duda era muy fuerte. Sus fracasos pesaban más que sus años. Pero Dios no tira la toalla, continúa dándole razones, ayudando a Moisés a creer (¡!).

"–Ciertamente estaré contigo –le dijo Dios–, y esta es la demostración de que yo soy el que te envío: cuando hayas sacado al pueblo de Egipto, tú y el pueblo me adorarán sobre esta montaña.

Pero Moisés dijo:
–Si yo voy al pueblo de Israel y les digo que me envió el Dios de sus padres, ellos me preguntarán: '¿De qué Dios nos estás hablando?'. ¿Qué les diré?".

Éxodo 3:12-13

Dios le promete que estará con él. Una promesa extraordinaria, la misma que nos dará Jesús en la Gran Comisión. No nos prometió que no tendríamos problemas, que sería fácil, pero nos aseguró lo más importante: Su Presencia. Es interesante el paralelo con Mateo 28, porque en aquella ocasión, los discípulos también fueron enviados, y adoraron a Jesús, aunque algunos dudaban. Se puede adorar, en medio de la duda.

Volvamos a Moisés. Dios ya le había dicho quién era, pero Moisés quería más información. Dios le enseñó su Nombre, ya no en relación con otros seres humanos: "el Dios de", sino a Él mismo: Yo Soy el que Soy. Soy el Ser, Soy el que Acontece. Las implicaciones filosóficas de esta afirmación son inabarcables, y no es el espacio para divagar, pero si Aquel que Existe por sí mismo, sin depender de nada y de nadie, te dice todo lo anterior, hasta la persona más insegura se empodera. Pero, adivina qué, hay más:

"Pero Moisés le respondió a Dios:
–No me creerán ni harán lo que les diga. Al contrario, me dirán: "¡El Señor no se te ha aparecido!".

– ¿Qué tienes en la mano? –le preguntó el Señor".

Éxodo 4:1-2

El caso de Moisés es grave, son cuarenta años. Menos mal que la zarza aguanta, la paciencia de Dios es muy larga. Él es bueno, y como si Moisés fuera un niño le enseña el ABC, le muestra que con su vara podrá hacer proezas, que no debe tener miedo, que tendrá herramientas de sobra, le

acompañaran señales, en plural, si no creen una, creerán en otra, etc.
Pero, pero, pero hay más:

> "Pero Moisés insistió:
> —Señor, tú sabes que nunca me he distinguido por ser un buen orador. Es un problema que tengo desde mucho antes de que tú me hablaras. ¡Me cuesta mucho trabajo expresarme bien!
> — ¿Quién hizo la boca? —le preguntó el Señor—. ¿No la hice yo, el Señor? ¿Quién hace que el hombre pueda o no pueda hablar, que vea o no vea, que oiga o no oiga? Ahora vé y haz lo que te dije, porque yo te ayudaré a expresarte bien, y te diré lo que tienes que decir.
>
> Moisés le dijo:
> —Señor, por favor, envía a otra persona.
>
> El Señor se enojó con Moisés y le dijo:
> — ¡Muy bien! Tu hermano Aarón habla bien. Él vendrá a buscarte y se alegrará mucho cuando te encuentre".
>
> Éxodo 4:10-14

Uff. Yo habría perdido la paciencia. Pero Dios no. Dios está sanando a Moisés, mientras él verbaliza todas sus dudas, todas sus inquietudes. Ahora apela a su falta de aptitud. Insiste en afirmar que no es la persona indicada. Entonces Dios, hace algo que le encanta: preguntar. Pero no espera respuesta, son preguntas retóricas, para hacerle ver claramente a Moisés, quién es Él. Dios no le pide a Moisés que confíe en sí mismo. Le pide que confíe en Él. Y que vaya.

Y entonces Moisés le pide por favor que envíe a otra persona... Y Dios, (yo no hubiera llegado hasta este punto, pero si me llega a decir eso a mí, envío a otra persona, punto) no le deja solo, su hermano Aarón le ayudará.

Así es Dios, paciente con nuestras preguntas. Moisés necesitó todo este diálogo para ir construyendo las piezas que se habían ido rompiendo en el camino. Pero no para volver a ser aquel hombre seguro de sí mismo de hace cuarenta años, no. Esta conversación honesta con Dios, le llevó a ser alguien vulnerable, que sabía que no podía por sí mismo, pero que Dios sí podía a través de Él, y su insistencia constante hizo que Moisés creyera que con Dios sí sería capaz.

¿Qué había pasado? ¿Por qué a Moisés le costó tanto asumir el llamado de Dios?

Moisés pasó cuarenta años muy seguro de sí mismo, teniendo todo muy claro, creyendo que él podía con todo. Los siguientes cuarenta años los pasó muy inseguro de sí mismo, con el fracaso en la espalda y sin estar seguro de nada. Después de este encuentro, los últimos cuarenta años de su vida vivió en la paradoja de saber que no es por sus fuerzas, y que Dios, a pesar de él, lo había elegido, así que, en medio de sus preguntas decidió obedecer. No estaba seguro de todo, pero sí de algunas cosas, y eso era suficiente.

Todo ese vaivén le convirtió en el hombre más manso de la tierra. Aprendió a dejarse llevar de la mano de Dios. Aquella zarza no se consumía con las dudas de Moisés. Y esta historia, podría ser la nuestra. Gracias a Dios.

JOB: LA CONFIANZA EN LA INCERTIDUMBRE O EL MARKETING DE LO SEGURO

El libro más antiguo de la Escritura es el libro de Job. Y es un libro muy extraño. Como si de una obra de teatro se tratase el autor nos presenta a Dios dialogando con Satanás y hablando de Job, un humano justo. Satanás pone en duda la lealtad de Job y Dios permite que le ponga a prueba. Job que tenía todo lo que un hombre desearía, lo pierde todo, menos su esposa que le anima a negar a Dios. Y comienzan las preguntas.

El sufrimiento es una de las causas principales que nos hace negar la existencia de un Dios bueno y todo este texto está empapado de esta cuestión.

Es un libro en la cumbre de la literatura por su estructura y su lenguaje, pero más allá de su valor como obra de arte, tiene un valor existencial por las preguntas que plantea desde el principio. Es difícil de catalogar teológicamente pero su belleza nos atrapa.

No es un buen libro de marketing de Dios. Hay que aprender a leerlo con espíritu reflexivo. Job no es Steve Jobs. Jobs sabía vendernos la solución fácil, el iPhone, el MacBook, el iPad, todo para facilitarnos la vida; con conceptos zen, nos daba la seguridad de una vida plena. Sus productos te daban notoriedad, sentido de pertenencia, clase, en definitiva: seguridad. Steve, por otro lado, fue un genio, ha cambiado la cultura del siglo XXI para siempre, ahora somos más tecnológico-dependientes gracias a él, y es cierto que en algunos sentidos nos ha facilitado la vida. Job no es así, Dios no es un producto, y durante el trance del texto hay de todo menos seguridad. Así es el camino de la fe. Puede complicar las cosas.

En forma de diálogos Job presenta su causa frente a tres de sus amigos que discuten con él el porqué de su situación, y cómo debería actuar, qué ha hecho mal y si ese sufrimiento tiene sentido, si Job es realmente justo como él defiende, cómo es Dios y cuáles son sus motivaciones... Estos amigos querían explicarlo todo, en algunos casos acertaban pero no eran capaces de dar con la clave, pretendían sistematizar a Dios, tener una respuesta para todo, estar seguros de todo, controlar la vida, saberlo todo, controlar a Dios. Vender su concepto de Dios. Tener un iGod para que trabajase para ellos.

Entonces interviene Eliú, alguien más joven que sus otros amigos y defiende la causa de Dios. Con preguntas mordaces hace ver el absurdo de la conversación, y nos coloca en nuestro contexto. Les hace entender que el misterio también tiene su espacio en la sabiduría y que ellos, siendo mayores ya deberían entenderlo. A Dios no se le puede empaquetar, ni etiquetar, ni ponerle un código de barras. Él es indomable, Él es espíritu, es viento.

Entonces de manera sorpresiva, interviene Dios mismo. Desde el capítulo 38 hasta prácticamente el final, Dios responde desde un torbellino; la puesta en escena es genial, y responde constantemente preguntando.

AQUELLA ZARZA NO SE CONSUMÍA CON LAS DUDAS DE MOISÉS.

La respuesta a esas preguntas es maravillarse y reconocer nuestras limitaciones. El ritmo es espectacular y te va elevando hacia un conocimiento profundo de nuestro desconocimiento e ignorancia, y Job se limita a escuchar; paradójico ¿no? Te recomiendo una lectura de toda esa sección, es abrumadora.

Y las mejores preguntas vienen de Dios, como siempre.

"¿Quién da la intuición y el instinto? ¿Quién es tan sabio que pueda enumerar todas las nubes?".

Job 38:36-37[a]

"El Señor prosiguió:
¿Aún quieres disputar con el Todopoderoso? ¿O prefieres darte por vencido? Tú que censuras a Dios, ¿tienes las respuestas?".

Job 40:1-2

Parafraseando a C.S. Lewis, discutir con Dios intentando demostrar sabiduría e inteligencia es discutir con aquel que te dio la capacidad de ser sabio y te dotó de inteligencia. Que te vaya bien.

Aquel torbellino de preguntas estaba desmontando sus estructuras, sus "pre-juicios", sus ideas preconcebidas de cómo debe ser la vida. Un huracán que pone a prueba nuestros cimientos porque quiere que construyamos nuestros pensamientos sobre la Roca. La confianza en quien es la inteligencia y la sabiduría, Dios mismo.

El sufrimiento siempre es reflexivo, es un interrogante, nos activa, y nos despierta de nuestro modo automático, puede ser el génesis de algo nuevo. Nos invita a las preguntas pues la conciencia se interroga sobre su origen, duración y sentido. Quizá para cambiar nuestro sistema operativo, nuestra concepción de la realidad.

El final de la obra termina con un Job restaurado, renovado, que se acerca de otra manera:

"Tú dijiste: 'Escucha, y yo hablaré. Déjame plantearte las preguntas. ¡A ver si eres capaz de responder!'.

Pero ahora yo digo. Había oído hablar de ti, pero ahora te he visto".

Job 42:4-5

La intención de Dios era acercar a Job aún más a la realidad, vivir de manera más plena. Las buenas preguntas nos ayudan a eso. Sin frivolizar el dolor, este libro nos enseña que las preguntas que nos plantea la vida tienen sentido si existe un contexto que lo explique, un final apoteósico (donde Dios aparece) y pone todo en su sitio. Es decir, si lo que ocurre tiene un sentido teleológico, si apunta hacia algo, si tiene propósito, a pesar de que perdamos el control y no tengamos respuestas para todo. Dios actúa al final respondiendo con una relación y una realidad más significativa. ¿Existirá espacio en nuestras comunidades de fe para esa actitud en medio de la incertidumbre y el dolor? ¿O seremos como los amigos de Job, queriendo dar respuestas a todo, sin empatizar con aquel al que le duele? O peor, ¿querremos convertir a Dios en un producto que podemos vender en un formato comprensible y manejable? ¿Cómo podremos mostrar a Dios como esperanza en medio del dolor, experiencia común a todo ser humano? Con marketing no.

EL PREDICADOR: ECLESIASTÉS ECLÉCTICO

Si Job es un libro extraño, Eclesiastés lo es aún más, si cabe. Es un libro raro. Algunos se preguntan qué hace en la Biblia. Y tienen sus razones. A veces parece defender una postura pesimista de la vida: ¡todo es vanidad!, ¡nada tiene sentido!; o escéptico, casi incrédulo, o cínico, incluso epicúreo, es decir, buscando la felicidad mediante placeres medidos. Y todo eso es verdad, a medias. Un texto sin contexto es solo un pretexto, regla número uno de la hermenéutica.

EL SUFRIMIENTO SIEMPRE NOS ACTIVA Y NOS DESPIERTA DE NUESTRO MODO AUTOMÁTICO.

Este libro pone sobre la mesa muchas cosmovisiones, muchos prismas vitales y los hace dialogar desde la experiencia propia. La Biblia escucha y expone otros planteamientos de vida, pero también los analiza y demuestra que colapsan tarde o temprano.

Parece un contrapeso al libro de Proverbios, mucho más conocido, más fácil de tuitear y que en nuestras Biblias es justo el libro anterior. En los proverbios a veces tienes la sensación de "máquina expendedora": si haces esto, si introduces esto en la máquina de la vida, irremediablemente ocurrirá esto, te saldrá esto como resultado. Si eres bueno te irá bien, si eres malo te irá mal... Cosas así.

Bien, Eclesiastés matiza estas "verdades". Y se pone muy en sintonía con nuestras realidades y dudas diarias, sin desmerecer la sabiduría práctica de su antecesor. De manera explícita y en otras ocasiones también tácita, este libro expone preguntas directas y algunas respuestas al existencialismo francés, o a las ideas de Schopenhauer y su voluntad de vivir, o a lo que algunos posmodernos plantean acerca del sentido o la falta de sentido de la vida, o a lo que el ateísmo predica, o al capitalismo exacerbado, o al moderno consumismo, o a la sociedad de bienestar o a las religiones orientales y sus costumbres y a lo que nos quieren hacer creer. Esto y más es Eclesiastés, muy ecléctico. En medio de todo ello rescata lo que de sabiduría hay en estas ideas, pero aterrizará irremediablemente en Aquel que puede dar "fin a todos estos discursos".

Si vamos al texto, casi de manera secuencial va tratando distintos temas: cómo darse la gran vida, la condición que nos marca a todos (que somos mortales), cómo ser un individuo en sociedad, una burla acerca de la riqueza y del dinero, lo decepcionante de la vida, el amor, el sinsentido de lo que ocurre y el problema de la vejez.

Como dice el profesor Antonio Bonora, este libro nos enseña que la vida está abocada hacia la muerte, y que el conocimiento añade dolor, que debemos reconocer nuestras limitaciones y no amargarnos la existencia con el miedo a morir. Y que cuando nos aceptamos frente a Dios podemos disfrutar realmente de la vida y todo lo que ella ofrece.

¿Quién te dijo que la Biblia no era un libro profundamente filosófico y lleno de planteamientos que te animan a profundizar en las preguntas importantes de la vida?

El final me encanta.

"Porque el Predicador no sólo era un sabio, sino un buen maestro; no sólo enseñaba al pueblo, sino que lo hacía de modo interesante. Las palabras del sabio son como aguijones que mueven a la acción. Destacan importantes enseñanzas. Los alumnos que captan lo que sus maestros dicen son listos.

Pero tú, hijo mío, date por advertido: son infinitas las opiniones que pueden expresarse. Su estudio puede prolongarse eternamente, y volverse gran fatiga.

Y esta es mi conclusión definitiva: teme a Dios y obedece sus mandamientos, porque esto es lo más importante para todo hombre y mujer. Porque Dios nos juzgará por cuanto hacemos, inclusive lo oculto, sea bueno o malo".

Eclesiastés 12:10-14

Al final debemos volver, como Job, a mirar a Dios, reflexionar sobre Él. Solo así toda idea, toda "opinión" podrá ocupar su lugar. Gracias a Dios porque Eclesiastés está en la Biblia, lo hace todo mucho más creíble. No creo en un Dios simplón, creo en un Dios que reconoce la complejidad de la vida real.

Y en este mundo donde nos ha tocado vivir, es imprescindible la actitud de este "Predicador", necesitamos este acercamiento ecléctico, escuchar y cuestionar, reconocer lo que de verdad hay en los planteamientos desde otros ángulos y, como él, hacer preguntas a otras maneras de vivir para luego plantear una realidad alternativa que pueda dar sentido a todo hombre y mujer.

SI DIOS LO SUPIERA TODO

"He visto catorce millones seiscientos cinco futuros posibles..."
(...)
"solo ganamos en uno".

Dr. Strange en Infinity War.

¿Dios lo sabe todo? Diría que sí. Pero, ¿y si no? ¿Y si Dios solo sabe lo que quiere saber? ¿Y si Dios quisiese tener el placer de aprender y sorprenderse, y confiar en medio de la incertidumbre, experimentar, en definitiva, lo que significa ser humano para enseñarnos a vivir y disfrutar de la película? Tendría que autolimitarse. Eso mismo hizo en Jesús.

Jesús no lo sabía todo, pero era Dios. Pero por cuanto era Hijo, "aprendió" obediencia... Hebreos 5:8.

¡Oh profundidad de las riquezas de la sabiduría de Dios! como diría Pablo. Jesús es la imagen del Dios invisible, sus palabras son palabras de Dios, sus preguntas son preguntas de Dios. Sus inclinaciones, son las inclinaciones de Dios... porque Dios es Jesús de Nazaret.

NO CREO EN UN DIOS SIMPLÓN, CREO EN UN DIOS QUE RECONOCE LA COMPLEJIDAD DE LA VIDA REAL.

Muchos siguen preguntándose por la existencia de Dios cuando ven el mal. O como C.S. Lewis, cuando murió su esposa, que no temía dejar de creer en Dios, sino dejar de creer que Dios era bueno.

Es curioso que en la Biblia Dios se cuestiona la existencia del ser humano por las mismas razones. Y se pregunta si alguien podrá ir a resolver el mal. Nos devuelve la pregunta, en su estilo:

"¿A quién enviaré por mensajero a mi pueblo? ¿Quién irá? —oí al Señor preguntar.

Y yo dije:
—Señor ¡yo voy! Envíame a mí".

Isaías 6:8

Dios quiere una conversación con nosotros. En todos los libros proféticos aparece la intención de Dios. En muchas ocasiones nos dice lo que va a hacer o lo que va a ocurrir, pero aun así, cree que el ser humano puede ser un interlocutor con el que dialogar y que puede proponer libremente sus ideas delante de Dios (¡!).

Infinity War, una de las películas más taquilleras de la historia, termina de manera trágica: muere la mitad de los seres del universo, después del chasquido del villano Thanos (thanatos es muerte en griego). Y deja en interrogante el final feliz, altamente improbable.

#spoileralert. Pero en *End Game,* todo se resuelve bien gracias al sacrificio de Iron Man, Tony Stark, cuya primera película fue el inicio de toda la serie de filmografías que han tenido su culminación en 2019.

El final del Antiguo Testamento me recuerda al final de *Infinity War,* (o al revés). Termina como un interrogante. El ser humano parece no tener mucha esperanza, a pesar de todos los esfuerzos divinos. La única "respuesta" es ese Mesías, ese enviado que podría por fin contestar todos los anhelos humanos, todos los intentos de vida que nos esforzamos por realizar, porque sin Él, la muerte sigue reinando en el universo.

El Antiguo Testamento es una gran pregunta. Las probabilidades eran muy bajas viendo todos los futuros posibles. ¿Dónde estás? Preguntó Dios al principio.

(...)

¿Quién irá?

Finalmente, vino Él mismo. Jesús. Jesús fue su respuesta a su pregunta. Y Jesús tenía muchas preguntas que hacernos, también le preguntó a Dios, le preguntó a la sociedad, cuestionó nuestros presupuestos. Para salvarnos. Y ahora Jesús nos pregunta a nosotros.

Él es el génesis de las preguntas.
En el principio era el Verbo...

Pasemos página, adentrémonos en el Nuevo Testamento y descubramos que:

"Cristo es la pregunta para el mundo de hoy".

EPISODIO II
CRISTO ES LA PREGUNTA

Dios se hizo hombre. Esta frase nos llevaría toda una vida comprenderla. Es un escándalo, una buena noticia, una revolución en todos los campos del saber. Las consecuencias de este suceso histórico tienen dimensiones cósmicas y afectan mi día a día. No sabemos qué día ocurrió. ¿25 de diciembre? No creo, pero ese detalle es lo de menos: ¿qué vas a hacer con ese Jesús de Nazaret que cambió la historia para siempre? La respuesta vivencial a esa pregunta marcará tu destino, es la pregunta más importante que se ha planteado a la humanidad.

La luz vino al mundo, ¿preferiremos aun así la oscuridad? Existen cuatro documentos que han llegado hasta nosotros y que nos plantean muchas preguntas. En ellos vemos diferentes enfoques de cómo era Jesús, cada uno con sus énfasis, pero con un arco narrativo común que a pesar de su coherencia y armonía histórica nos presenta diferentes aspectos de la persona del Mesías.

En los cuatro documentos, llamados evangelios, encontramos a un Jesús que cuestiona prácticamente todo y que hace preguntas a las personas que le rodean, incluidos nosotros. Dejaré para otros escritos la demostración de la fiabilidad de dichos documentos. Ya hay mucha tinta al respecto y otros autores más académicos que yo han corroborado que a pesar de nuestras limitaciones podemos confiar en que ese Jesús de los evangelios fue real, vivió, murió y resucitó. Quisiera centrarme en las implicaciones que eso tiene para nuestras vidas y cómo nos cuestiona frontalmente y veremos cómo dialoga con otros estilos de vida, con otras cosmovisiones, otras maneras de comprender; como siempre, activando nuestras mentes, haciendo preguntas. De ese Jesús, ese Cristo de Dios, nace y crece todo este libro, será la semilla que se ramificará en todo lo que escriba.

Y más, en todo lo que viva.

Jesús sigue suscitando fascinación, siguen escribiendo libros sobre Él, muchos de ellos patrañas, o películas fantasiosas; año tras año, siglo tras siglo se pretende descubrir al Jesús histórico. Desde el siglo XIX los intentos por interpretar a Jesús no se han detenido:

un profeta apocalíptico, un extraterrestre, un curador carismático, el primer comunista, un filósofo cínico, un Mesías judío, un profeta del cambio social, un budista reformado, un mito idealizado, un viajero del tiempo... En fin.

Y yo hago una lectura positiva de este fenómeno: no ocurre con ningún otro personaje histórico, Él es magnético para nuestras mentes. En un sentido, hemos nacido para intentar resolver el interrogante que supone Su Existencia.

Hay una necesidad en nuestros corazones por descubrir quién es Él, como si en su persona estuviera la clave de la vida misma, y que nuestra propia existencia estuviera allí oculta y necesitara ser revelada... ¿En qué medida Jesús se hace eco de las preguntas que hay en nuestro corazón?

A pesar del tiempo, los únicos documentos que han demostrado ser confiables y fiables son los evangelios y el resto del Nuevo Testamento. Por eso quiero acercarme a ellos con mis inquietudes. Porque Jesús, es el Jesús de los evangelios, los evangelios son los evangelios de Jesús. Su riqueza nunca se termina, muchos quieren armonizarlos a la perfección, resolverlos. Yo prefiero disfrutarlos como vienen, con sus particularidades que me muestran un aspecto de Jesús que lo hacen todavía más interesante. Como los cuadros cubistas de Picasso, que nos muestran distintas perspectivas a la vez, con varios puntos de vista, una "perspectiva múltiple", sugerente, una gran obra maestra con cuatro ángulos que debemos aprender a contemplar con toda su riqueza en matices, con todas sus incógnitas, sus aparentes contradicciones, sus interrogantes y sus tensiones.

Porque Cristo sigue siendo la pregunta para nosotros hoy, desde los evangelios.

MARCOS: JESÚS ACELERADO

Jesús no para. Es Aslan, el león que no se detiene. El primer evangelio que se escribió en torno al año 60 d.C. está lleno de acción. Vemos a un Jesús activo, mucho más enfocado en acciones que en sermones. Parece que Marcos tiene prisa. En los ocho primeros capítulos Jesús es un triunfador, el Hijo de Dios al que todos quieren seguir. Tanto es así, que Jesús no quiere que digan que Él es el Mesías, por temor a que le malinterpreten.

Porque Jesús era el Mesías que esperaban, pero no era como esperaban. Esto se conoce como "el secreto mesiánico". Lo curioso es que aun así lo proclamaban. Hacia el centro del evangelio encontramos la cumbre del Evangelio, la declaración de Pedro:

"– ¿Y quién creen ustedes que soy?
Pedro le respondió:
– ¡Tú eres el Mesías!
Jesús les mandó que no se lo dijeran a nadie".

EN UN SENTIDO, HEMOS NACIDO PARA INTENTAR RESOLVER EL INTERROGANTE QUE SUPONE SU EXISTENCIA.

Marcos 8:29-30

En los siguientes ocho capítulos, después de la declaración de Pedro, nos encontramos a un Jesús "Hijo de Hombre", y dirá hasta tres veces que va a morir. Ahí las cosas se complican, el seguimiento de Jesús ya no consiste en seguir a un triunfador, sino a alguien que irá a la cruz. Un Mesías con otras expectativas. En ese momento muchas dudas invadirán a los discípulos. La pendiente seguirá irremediablemente hacia abajo, acelerando, como la ley de la gravedad, hasta la crucifixión de Jesús y finalmente una tumba vacía que dejará el final del evangelio con un interrogante que nos interpela y nos empujará a buscar a Jesús. Este será el carácter del evangelio de Marcos.

En este documento primario, mi evangelio favorito (quizá cambie en el futuro), que fue base para Mateo y Lucas, encontramos preguntas dentro del marco de la acción:

"Jesús les leyó el pensamiento y les dijo:
– ¿Por qué piensan ustedes así? ¿Qué es más fácil, decirle al paralítico:
'Tus pecados quedan perdonados' o decirle: 'Levántate, toma tu camilla y anda'? Pues voy a probarles que yo, el Hijo del hombre, tengo potestad para perdonar los pecados.Entonces se dirigió al paralítico y le dijo:
–A ti te digo, levántate, recoge la camilla y vete".

Marcos 2:8-11

A mi juicio, creo que las dos cosas son igual de fáciles de decir, pero perdonar pecados implica algo mucho más profundo que sanar una dolencia física, contrariamente a lo que pensaríamos de manera superficial.

EPISODIO II – Cristo es la pregunta

El que perdona siempre es el ofendido. Si a Jesús ese paralítico no le había hecho nada, Él no era nadie para perdonarle, a menos que fuera Dios mismo, Aquel contra el que se peca de manera profunda, Aquel al que estamos fallando realmente, al Dador de la vida. Y esa afirmación era muy rompedora. Todo este evangelio es así, rompedor, rompe el "marco" de nuestra vida, para proponernos otros "marcos". Jesús no cumple con las expectativas y cumple otras, es un Mesías que cuestiona nuestra imagen de Dios, que da la vuelta acerca de cuáles son las prioridades para Dios, que no son necesariamente las nuestras. Es un evangelio que se puede leer fácilmente en un rato, y que al terminarlo te deja cansado de tanta acción sin pausa y con la pregunta: ¿quién es este personaje increíble llamado Jesús de Nazaret? ¿Dónde está ahora si no está en la tumba? ¿Podré seguir su ritmo? Jesús lo cambia todo. Marcos es como correr tras un león.

"El mal se trocará en bien, cuando Aslan aparezca".

MATEO: JESÚS SENTADO

Respira. Menos mal que Mateo, de vez en cuando, sienta a Jesús, para que descanse, pero sobre todo para enseñar. En este texto vemos el rostro judío de Jesús, el evangelio del hombre, según lo imaginamos utilizando Ezequiel 1 y los cuatro seres vivientes. En aquella época cuando un maestro iba a enseñar se sentaba. Y enseñaba "ex cátedra", literalmente: "desde la silla". De ahí nuestra palabra catedrático, o catedral. Es interesante que se construya todo un edificio en torno a una silla para enseñar.

Pero Jesús no tenía catedral, ni era catedrático, probablemente tampoco tenía silla, aunque Mel Gibson le atribuya la invención de ella de manera simpática en su película "La pasión de Cristo". El rostro de Dios en Jesús era totalmente humano.

Jesús se sentaba en cualquier lado, y enseñaba. Los discípulos oían. Y encontramos hasta cinco sermones en este evangelio:

- El Sermón del Monte, donde Jesús es como el nuevo Moisés e interpreta de manera profunda las Escrituras, y enseña como Señor: "Yo os digo".

- El discurso misional, en el cual nos envía para cumplir como discípulos el llamado del Reino.

- El discurso de las parábolas, con enseñanzas prácticas donde Jesús quiere "sumergirnos", que nos sintamos parte de ellas, empaparnos de la vida del Reino de Dios, y que formemos parte de la historia eterna. Las parábolas son una invitación a unirse a esa danza divina del Padre, del Hijo y del Espíritu Santo.

- El discurso del discipulado, donde el perdón es la enseñanza fundamental de la Iglesia, el mandamiento de la nueva comunidad. Debemos perdonar hasta setenta veces siete. Y no lo multipliques.

- Y, por último, el de los últimos tiempos, donde nos describe lo que ocurrirá al final de la historia y cómo debemos actuar esperando esa resolución, con advertencias y esperanza.

Todos ellos sintetizados en la Gran Comisión:

"Pero él se les acercó y les dijo:
- He recibido toda autoridad en el cielo y en la tierra.
Por lo tanto, vayan y hagan discípulos en todas las naciones.
Bautícenlos en el nombre del Padre, del Hijo y del Espíritu Santo,
y enséñenles a obedecer los mandamientos que les he dado.
De una cosa podrán estar seguros: Estaré con ustedes siempre, hasta el
fin del mundo".

Mateo 28:18-20

Como ves, es el evangelio más pedagógico, donde la acción de Marcos es complementada por sus enseñanzas, por momentos de reflexión, dispuestos de manera secuenciada para su aprendizaje. Así debería ser nuestro modelo de vida cristiana, de discipulado: tesis-acción-tesis-acción... Por eso fue el favorito de la Iglesia por mucho tiempo.

De hecho, es el único evangelio donde aparece la palabra iglesia, y solo en dos capítulos: Mateo 16 y Mateo 18. Quizá por eso es el primer libro que aparece en nuestro Nuevo Testamento.

La primera vez que se sienta en Mateo es en su famoso Sermón del Monte, y allí hace muchas preguntas, por ejemplo, una de las últimas:

"Si su hijo le pide pan, ¿quién de ustedes será capaz de darle una piedra?
Y si le pide pescado, seguro que no le dará una serpiente venenosa,
¿verdad? Pues si ustedes que son malos saben dar buenas cosas a sus

hijos, ¡cuánto más su Padre que está en los cielos dará buenas cosas a los que se las pidan!".

Mateo 7:9-11

Las preguntas de Jesús en Mateo pondrán sobre la mesa todos los temas de la vida, las relaciones personales, nuestra concepción del dinero, de la misión, de la ética y la moral, en definitiva. Porque los planteamientos de Jesús no son religiosos, sino vitales. Dios en Jesús, sabe lo que significa ser hombre, ser humano. La Iglesia no es un planteamiento religioso desconectado de la humanidad, sino vital. Las preguntas de Jesús no son acerca de religión o espiritualidad al margen de la realidad. No. Y en lo profundo de nuestra realidad está nuestra identidad, quiénes somos. En Mateo Jesús insistirá en recordarnos, en decirnos, nuestra esencia. Nos hablará acerca de restaurar nuestra relación más importante, nuestra relación con Dios. Jesús nos ve como huérfanos divinos.

"El hombre es el Huérfano Cósmico".

Loren Eiseley.

Jesús mostrará al Padre, a ese *Tú* que nos identifica, nos empodera, del que todos dependemos. Debajo de las preguntas de la vida, de los filósofos de todos los tiempos, hay una orfandad tácita, que solo Jesús puede resolver, presentándonos a ese Dios al que llama constantemente: Abba.

LUCAS: JESÚS DE VIAJE

De los cuatro evangelios, el más parecido a un cronista o historiador es el de Lucas. De hecho, al principio, el autor nos describe sus intenciones:

"Además, distinguido Teófilo, yo mismo investigué con mucho cuidado los acontecimientos desde su origen, y ahora te los describo en orden, para que confirmes la verdad de lo que se te ha enseñado".

Lucas 1: 3-4

Es una travesía, y en el camino de la vida, rumbo a Jerusalén se encuentra con muchos tipos de personas, y eso implica otro tipo de conversaciones que no aparecerán en el resto de los documentos acerca de Jesús. Otras "in-quietudes" y preguntas. Lucas, el toro, (Ezequiel 1, de nuevo) el único autor no circuncidado del Nuevo Testamento, nos invita a ir de la mano de Jesús y escuchar sus parábolas únicas y universales: el hijo prodigo, el buen samaritano... Y a pensar a Jesús como el Salvador, pero no de los judíos, sino del mundo entero. Por eso, a diferencia de Mateo, no comienza la genealogía de Jesús con Abraham, sino que comienza de adelante hacia atrás y termina en Adán, el padre de todos. Su mirada va más allá, imparable.

Algunos estudiosos afirman que Lucas era originario de Antioquía de Siria. Lo que lo convertiría, si viviera en nuestros tiempos, en un refugiado que vagaría por Europa intentando encontrar esperanza. Pero este sirio tuvo la providencia de encontrarse con el Jesús resucitado, ser un compañero de viaje de Pablo y escribir un evangelio, recabando datos de fuentes primarias, usando también el texto magnético de Marcos y añadiendo todo lo que en su investigación había recogido. También escribirá una segunda parte, conocida hoy como "hechos de los apóstoles". No está mal para un incircunciso. Jesús como pregunta; para este no judío era fundamental responder si Cristo estaba solo preocupado por los suyos, o los suyos podíamos ser todos nosotros, sin ser de su pueblo.

En este viaje al que Lucas nos invita encontramos al Jesús que más ora y más se preocupa por los últimos, los pobres, los marginados, los desplazados e incomprendidos. Casi podemos escuchar su corazón latir y seguirle el ritmo, latir con Él.

LAS PREGUNTAS DE JESÚS NO SON ACERCA DE RELIGIÓN O ESPIRITUALIDAD AL MARGEN DE LA REALIDAD.

Su conducta, manteniéndose cerca del tándem "publicanos y pecadores", desconcierta siempre al otro dúo que aparece constantemente: "los fariseos y los escribas". Esta dicotomía nos mantendrá siempre atentos, observando que Jesús en su viaje, atraía a todo tipo de personas, y no había barreras que le impidieran acercarse. No perderá el ritmo de sístole y diástole. "Amigo de pecadores" lo llamaran en Lucas 7. Y es que Jesús no concebía su misión sin ser esa clase de persona. Porque Dios es misericordia: corazón que late por el miserable.

Y es un evangelio con preguntas de principio a fin. Observa algunas cerca del final:

"Él les dijo:
– ¡Qué torpes son ustedes! ¡Qué corazón tan lento tienen para creer todo

lo que los profetas dijeron! ¿Acaso no saben que el Cristo tenía que sufrir estas cosas antes de entrar en su gloria?".

Lucas 24:25-26

"Y ellos se decían uno al otro:
— ¿No sentíamos como si nuestro corazón ardiera mientras él hablaba en el camino y nos explicaba las Escrituras?".

Lucas 24:32

Al final de su evangelio, Cristo resucitado aparece junto a dos que vuelven a su casa, los encuentra "en el camino". Están tristes porque no entienden lo que ha ocurrido con Jesús, están llenos de interrogantes. Jesús, al cual no reconocen les explica con la Palabra que sí tiene sentido, que era necesario, que la narrativa humana pasa por alguien que debe rescatarnos, que la historia de nuestro corazón está escrita y ya lo dijeron los profetas. Que lo que le había pasado a Jesús era necesario.

Cuando Jesús parte el pan en su casa, sus ojos se abren y se dan cuenta de quién es, pero justo en ese momento, se esfuma; lo han podido intuir por un momento, pero Jesús debe seguir su camino.

Solo entonces, reconocen que el corazón les ardía con esta historia, mientras les explicaba las Escrituras, porque habían nacido para escuchar y vivir esa narrativa, ese evangelio.

Porque la Biblia entera habla de Jesús, y nuestras preguntas se hacen eco con las preguntas que Jesús ya suscitaba en el siglo I. Gracias a Lucas, uno de los nuestros, que nos mostró a Jesús caminando con cualquiera. Por eso también, quizás hoy, camine conmigo y arda mi corazón, al ritmo del suyo.

JUAN: JESÚS DESDE ARRIBA Y DESDE DENTRO

Y entonces llega Juan. Un meteorito teológico caído desde el cielo. Fue el último en escribir su evangelio, y vuela. Es, en nuestra imaginería, el águila (adivina, Ezequiel 1, estas cuatro metáforas son conocidas como el tetramorfo: cuatro formas).

Vuela, literalmente. Marcos comienza con Jesús ya corriendo, Mateo habla de la genealogía de Jesús desde Abraham, Lucas nos lleva hacia atrás hasta Adán, pero Juan comienza su texto con una canción que nos transporta al principio de los tiempos, incluso antes. Escucha la canción del logos:

46

"Antes que nada existiera,
ya existía la Palabra,
y la Palabra estaba con Dios
porque aquel que es la Palabra era Dios.
Él estaba con Dios en el principio.
Por medio de él todas las cosas fueron creadas,
y no existe nada que él no haya creado.
En él estaba la vida,
y la vida era también la luz de la humanidad.
Esta luz brilla en la oscuridad,
y la oscuridad no puede apagarla".

Juan 1:1-5

Y si a estas alturas no tienes preguntas, no sé qué más cantarte. El secreto de quién es Jesús se vuelve más trascendente. Si vuelves a leer esta preciosa poesía verás lo que significa disfrutar del misterio. Es hermoso, no se me ocurre otra palabra mejor.

A partir de este momento Juan mostrará siete "señales" que apuntan hacia Jesús, demostrando que Él es el Hijo de Dios. Comenzando por transformar el agua en vino en una boda y terminando con la resurrección de Lázaro, que será el detonante final para que lo apresen y lo ejecuten.

La intención de este evangelio queda aclarada por el propio autor:

"Jesús hizo muchas otras señales milagrosas delante de sus discípulos que
no están escritas en este libro. Pero estas se han escrito para que ustedes
crean que Jesús es el Cristo, el Hijo de Dios, y para que al creer en su
nombre tengan vida".

Juan 20:30-31

Juan no cuenta toda la vida de Jesús, pero lo que cuenta es para que podamos dar ese paso, de la incredulidad a creer, confiar. Está lleno de dicotomías: luz vs oscuridad, verdad vs mentira, vida vs muerte. Es un evangelio que nos invita constantemente a cruzar el umbral. La palabra más repetida no es amor, es creer.

Dar el paso de fe, confiar, cambiar de historia, nacer de nuevo.

En este evangelio vemos a un Jesús más discursivo, ya no habla por parábolas, son discursos más elaborados, más pensados teológicamente. No en vano es el último evangelio que se escribió. Su pensamiento vuela más alto, y también es más profundo, con sermones más articulados. El ejemplo más claro es el discurso de despedida que aparece en la última cena, que va desde Juan 13 al 17.

Este evangelio, de nuevo, está lleno de preguntas.

"Cuando Jesús lo vio allí acostado y supo que tenía mucho tiempo de estar enfermo, le preguntó:
— ¿Quieres curarte?".

Juan 5:6

¡Jaja! Me encanta. Un hombre en el estanque de Betesda, llevaba 38 años esperando para intentar entrar en el agua y sanarse. Y entonces Jesús le pregunta que si quiere curarse (!!). ¡Evidentemente! ¿Por qué Jesús pregunta algo obvio? Y no solo una vez, en otra ocasión se le acerca un ciego, y le pregunta lo mismo.

Recuerda la intención de este evangelio: que crucemos el umbral. A veces las personas prefieren no cuestionar su vida, quedarse como están. Cristo es la pregunta, pero las preguntas movilizan, y a veces las personas prefieren no moverse de donde están, no pensar, no confiar en la posibilidad de algo diferente.

¿Quieres curarte? Sigue siendo una pregunta pertinente en mi vida, y en la de aquellos que me rodean. El evangelio de Juan, lleno de señales, de signos, para guiarnos hacia la pregunta que cambia toda nuestra vida, nos muestra a este Cristo trascendente, que se muestra en Jesús de Nazaret, con sus sandalias llenas de polvo por los caminos de Galilea y de Judea. Él es el umbral, acércate a Él, confía en Él, cruza ese límite. Ese es el tema del evangelio de Juan: vuela.

Y ahora, observemos, desde este Jesús de los evangelios, algunos detalles que nos pueden suscitar preguntas, porque no siempre una frase correcta es la verdad. Dios no espera una respuesta correcta, un discurso correcto, sino una respuesta verdadera.

FE TEÓRICA, FE DIABÓLICA

En el evangelio de Marcos existe el secreto mesiánico ¿recuerdas?, la gente no sabe muy bien quién es Jesús realmente. Jesús no quiere ser malinterpretado.

A pesar de eso, unos personajes peculiares que suelen entrar en escena, sabían perfectamente quién era Jesús:

"Un endemoniado que estaba en la sinagoga se puso a gritar:
— ¡Ah! ¿Por qué nos molestas, Jesús de Nazaret? ¿Has venido a destruirnos? Yo sé que eres el Santo de Dios".

Marcos 1:23-24

"Cada vez que los endemoniados lo veían, caían de rodillas ante él gritando:
— ¡Tú eres el Hijo de Dios!".

Marcos 3:11

"Cuando vio a lo lejos que Jesús se acercaba, corrió a su encuentro, cayó de rodillas ante él y gritó con fuerza:
— ¿Qué tienes contra mí, Jesús, Hijo del Dios Altísimo? ¡Te suplico por Dios que no me atormentes!".

Marcos 5:6-7

Efectivamente, los demonios son los expertos teológicos del evangelio de Marcos. Saben perfectamente quién es Jesús y lo que había venido a hacer. Aparecen con sus declaraciones teológicas de vez en cuando en la primera parte del evangelio y lo que dicen es "verdad", y nunca unas comillas han sido más importantes para mí.

"El Santo de Dios; el Hijo de Dios; Jesús, Hijo del Dios Altísimo".

Todo correcto, sana doctrina (¿?), un discurso teológico impecable. Sin contar que la presentación va "in crescendo".

DIOS NO ESPERA UNA RESPUESTA CORRECTA SINO UNA RESPUESTA VERDADERA.

En la primera aparición, están en la sinagoga, un lugar "correcto". En la segunda ocasión, se ponen de rodillas, una posición "correcta" frente a Jesús. Y, por último, llega corriendo y se arrodilla, una dirección "correcta". Todo muy correcto. Pero no era verdad.

Porque Jesús es la pregunta, pero no es una pregunta doctrinal, religiosa, intelectual, solamente. Ese afán por tener la "verdad correcta", queriendo decir el discurso correcto nada más, una fe teórica, no sirve para nada.

Fe es confianza, es seguimiento, es cruzar el umbral, cruzar el puente hacia Jesús.

¿De qué sirve tener la teología correcta si no vivimos a Jesús?

Solo lo diré una vez:

Una fe teórica, es una fe diabólica.

Nuestro trabajo no es ganar discusiones, no es tener razón, no es decir correctamente quién es Jesús. No.

El hermano pequeño de Jesús nos lo dejará muy claro en su epístola:

"Tú crees que hay un solo Dios. ¡Qué bien! Pero también los demonios lo creen, y tiemblan".

Santiago 2:19

No estamos aquí para demostrar que Dios es uno, solamente, el problema humano no es falta de conocimiento, es incredulidad, falta de fe, de confianza. Creer que Dios es uno, no salva, no sirve.

No tengas solo una fe teórica, ya sabes lo que dicen de ella.

PREGUNTAS ADULTERADAS

"...y le dijeron a Jesús:
—Maestro, esta mujer ha sido sorprendida en el momento mismo en que cometía adulterio. La ley de Moisés nos ordena que debemos apedrear a esa clase de mujeres. ¿Tú qué dices?

Ellos le estaban poniendo una trampa al hacerle esa pregunta, para así tener de qué acusarlo. Pero Jesús se inclinó y comenzó a escribir en el suelo con su dedo. Como seguían haciéndole preguntas, se enderezó y les dijo:
—Aquel de ustedes que nunca haya pecado, tire la primera piedra".

Juan 8:4-7

Esta escena es durísima y a la vez preciosa. Una mujer sorprendida en adulterio es presentada delante de Jesús probablemente desnuda de cintura para arriba, para su vergüenza, como parte de su infamia.

Los fariseos quieren intentar que Jesús se equivoque con preguntas trampa, adulteradas. Sea cual sea la respuesta Jesús se verá atrapado. Si la defiende, transgrede la ley hebrea, si la condena, transgrede la ley romana. Es un dardo envenenado, una pregunta adulterada.

El mundo está lleno de preguntas así y Dios debe darnos sabiduría para aprender a leer por debajo de la pregunta, y eso a veces requerirá tiempo.

Me encanta la actitud de Jesús: se inclinó y se puso a escribir en el suelo, en silencio. Es un detalle precioso. ¿Por qué lo hace? Permíteme que imagine algunas razones.

En primer lugar, se da tiempo para reflexionar. ¿Por qué contestamos siempre a la primera de cambio? ¿Por qué no darnos un tiempo de silencio antes de contestar lo primero que se nos pase por la cabeza? En este mundo de la inmediatez debemos revalorizar el silencio y la reflexión, como Jesús.

En segundo lugar, se inclinó, dignificó a esa mujer, se puso quizá de rodillas, mirando al suelo, horrorizado por el cuadro, siendo ejemplo para todos los hombres que estaban allí presentes, que quizá disfrutaban del espectáculo. Y se puso a escribir, no sabemos qué, es la única vez que Jesús escribe algo, y lo hace en la arena, se entretiene mientras le siguen preguntando. Su silencio incomodaba, su actitud ya era una gran respuesta. Pero insistieron, y contestó.

Pero su respuesta es genial e insuperable. No responde frontalmente, solo un ingenuo hubiera hecho eso. Jesús mira en lo profundo, en el subtexto de la situación, lo que nadie dice pero está presente, el famoso elefante en la sala del que nadie habla; se endereza y les dice que el que nunca haya pecado, que tire la primera piedra. Esta respuesta brillante habla del conocimiento profundo de Jesús acerca del ser humano. Sabe que todos los presentes han pecado, y que si alguno dispara se sabrá un hipócrita. La entereza y la inteligencia emocional de Jesús en esta situación superan nuestras reglas de medir. Cuando termina de hablar, vuelve a inclinarse, ni les mira.

Jesús ha cuestionado su seguridad, los ha desarmado; el Cristo los ha interpelado a ellos, los ha dejado sin respuesta. Y sabe lo que va a pasar. Cristo es la pregunta, ¿qué responderán?

La reacción es que poco a poco se van yendo, del mayor al menor. Y se queda solo con ella.

"Entonces él se enderezó y le preguntó:
—Mujer, ¿dónde están? ¿Nadie te ha condenado?

Ella dijo:
—Nadie, Señor.

—Yo tampoco te condeno. Vete y no vuelvas a pecar".

Juan 8:10-11

Cuando Jesús levanta la cabeza ya no están. Solo está la mujer. Y entabla un diálogo con ella. Su ternura no tiene límites: "¿dónde están? ¿Nadie te ha condenado?". Claro que no, nadie se atrevería, porque Jesús había desnudado el corazón de todos ellos. Jesús podría haberle tirado piedras a cada uno de ellos, Él estaba libre de pecado, pero se mantuvo inclinado, no vino a juzgar. Incluso a aquellos que querían tenderle una trampa.

Todos habían aprendido una lección. Venían a atrapar a Jesús, y se fueron con una master class de misericordia. Gratis. Por gracia.

Y despide a la mujer, "yo tampoco te condeno". Pudiendo hacerlo, "yo tampoco te condeno. Vete y no vuelvas a pecar".

Y la deja ir. ¿Qué pasó con esa mujer? ¿Quién fue? ¿Volvió a pecar? Esas preguntas no son importantes en esta narrativa. Aprende a vivir en esa incertidumbre, y disfruta de ese destello de gracia inmerecida que recibieron todos los presentes: los viejos, los jóvenes y aquella mujer.

PREGUNTAS TRAMPA, FALSOS DILEMAS Y REACCIONES

"Jesús, que sabía lo que se traían entre manos, les dijo:
— ¡Hipócritas! ¿A quién se creen que están tratando de engañar con preguntas como esas? Enséñenme una moneda.

Y ellos le mostraron una moneda romana de plata".

Mateo 22:18-19

Era imposible cazar a Jesús con argumentos. El Logos siempre iba por delante. Lo intentaron de muchas maneras, poniéndole en dilemas cuya respuesta, se posicionara como se posicionara, sería un error. En el caso de la mujer adúltera no fue posible atraparlo. En este caso tampoco.

Y aquí, explicita que su intención es tratar de engañarle. Porque a veces responder de acuerdo a la pregunta no es lo correcto, y no responder se considera cobardía o falta de sabiduría.

Todo el mundo le preguntaba a Jesús, querían aprender.

Los fariseos también le preguntaron mucho. Pero generalmente eran preguntas capciosas, con dobles intenciones. No querían aprender, sino prender a Jesús, capturarle en sus propias palabras.

QUEREMOS ETIQUETARLO TODO Y OLVIDAMOS LA BELLEZA DE LA PARADOJA.

Este texto es un ejemplo de muchos.

Como los fariseos, queremos etiquetarlo todo, ubicar a todo el mundo en su sitio: de izquierdas o de derechas, calvinista o arminiano, libre albedrío o soberanía divina, justicia o misericordia, ley o gracia, Dios u hombre, fe u obras, y olvidamos la belleza de la paradoja, que el juicio de Dios es misericordioso, y que su misericordia es juiciosa. Aprendamos a leer la pregunta tras la pregunta.

"Y sus discípulos le preguntaron:
—Maestro, ¿este hombre nació ciego por culpa de su pecado o por el pecado de sus padres?

Jesús les respondió:
—Ni por el pecado de él ni por el de sus padres, sino para que todos vean lo que Dios hace en la vida de él".

Juan 9:2-3

Jesús estaba por encima de estas falsas dicotomías. Su mirada iba más arriba, más adentro y cuestionaba las cuestiones. En esta ocasión, la pregunta que le hacen está basada en la falsa creencia de que una condición física es la consecuencia del pecado concreto de alguien, ¿del que nació ciego o de sus padres? Preguntan. No, responde Jesús, eso es un falso dilema, la matriz es incorrecta. Su condición es una ocasión para que Dios muestre su capacidad de restauración.

Jesús sanará a ese joven ciego y las reacciones serán diversas.

Los fariseos, aun viendo el milagro, no querrán creer. A pesar de la evidencia evidente de que un invidente ahora ve. Cuando el corazón está endurecido, ni los mejores argumentos pueden romperlo.

Los padres, que se desentienden para no buscarse problemas. A pesar de que su hijo ha sido sanado, tendrán miedo de los fariseos y no serán consecuentes con el bien que Dios les ha hecho.

El ciego que, al disfrutar del milagro, el toque de Jesús, no tiene todas las respuestas, no ha comenzado el seminario bíblico ni ha hecho un curso de debate en la universidad para convencer a los fariseos. Pero les contesta con convicción, sin saberlo todo, sin saber exactamente quién es Jesús:

"El hombre respondió:
—Yo no sé si es pecador. Lo único que sé es que yo era ciego y ahora veo".

Juan 9:25

Maravilloso argumento.

¿QUIÉN DICEN USTEDES QUE SOY?

"¿No han leído ustedes la Escritura que dice: 'La piedra que los construc-tores desecharon ahora es la piedra principal. El Señor lo hizo y es una maravilla ante nuestros ojos'?".

Marcos 12:10-11

¿Recuerdas la declaración de Pedro que aparece en los evangelios sinópticos? Es parte de una clase que marcó la vida de los discípulos, aunque todavía no iban a entender del todo esta verdad. Fue una respuesta fundamental y fundacional para la Iglesia. Sobre esa declaración, sobre esa experiencia íntima acerca de quién es Él, sobre esa Roca, se edificaría el proyecto de Jesús para cambiar el mundo.

La pregunta acerca de quién es Jesús es "La Pregunta". ¿Quién dice la gente que soy?, les preguntó a los apóstoles. Algunos lo tienen como un profeta, un maestro... Pero luego hace la pregunta importante: ¿Y quién creen ustedes que soy? Es decir ¿quién soy para ustedes?

"El Cristo", "el Mesías, "el hijo del Dios viviente", es la respuesta de Pedro en los evangelios. Y Jesús aplaudirá su respuesta, aunque no le dará el mérito a Pedro, sino al Padre.

La respuesta a "¿quién es Jesús para ti?" definirá tu identidad eterna. Es por ello la pregunta más importante. Y por eso debemos pensar muy bien la respuesta.

Si Jesús no es el Hijo de Dios, si no es el Cristo, entonces, todo lo que enseñó, todo lo que hizo, incluso su muerte, es totalmente irrelevante y carece de importancia.

No podemos darnos el lujo de tenerlo solo como un buen maestro, algo que ahora está muy de moda; tratarle con "buenismo", como si fuera un personaje histórico domesticado, que no nos cuestiona, que no molesta.

En este caso, no puedo más que apelar a C.S. Lewis, la apisonadora de argumentos, y su preclaridad acerca de este tema. No conozco a nadie que haya explicado mejor este dilema acerca de Jesús:

Intento con esto impedir que alguien diga la auténtica estupidez que algunos dicen acerca de Él: «Estoy dispuesto a aceptar a Jesús como un gran maestro moral, pero no acepto su afirmación de que era Dios». Eso es precisamente lo que no debemos decir. Un hombre que fue meramente un hombre y que dijo las cosas que dijo Jesús no sería un gran maestro moral. Sería un lunático -en el mismo nivel del hombre que dice ser un huevo escalfado-, o si no sería el mismísimo demonio. Tenéis que escoger. O ese hombre era, y es, el Hijo de Dios, o era un loco o algo mucho peor.

Podéis hacerle callar por necio, podéis escupirle y matarle como si fuese un demonio, o podéis caer a sus pies y llamarlo Dios y Señor. Pero no salgamos ahora con insensateces paternalistas acerca de que fue un gran maestro moral. Él no nos dejó abierta esa posibilidad. No quiso hacerlo".[2]

Él es la piedra principal, algunos la han desechado, pero nosotros tenemos a Jesús como la Roca sobre la que edificamos nuestra vida, nuestros argumentos, nuestras relaciones, nuestra realidad.

---

2 Lewis, C.S. *Mero Cristianismo*. Ediciones RIALP. Alcalá, España, 2005. (Mere Christianity 1942). Pág. 69

ALICIA, ¿QUÉ ES LA VERDAD?

"Pilato le dijo:
—Entonces eres rey.

Jesús le respondió:
—Tú eres el que dices que soy rey. Yo para esto nací y vine al mundo: para hablar de la verdad. Todo el que está de parte de la verdad, me escucha.

Pilato preguntó:
— ¿Y qué es la verdad?

Luego de decir esto, salió otra vez a ver a los judíos".

Juan 18:37-38

"Solo unos pocos encuentran el camino, otros no lo reconocen cuando lo encuentran, otros ni siquiera quieren encontrarlo".

Alicia en el País de las Maravillas.

Poncio Pilato, prefecto romano de la provincia de Judea estaba frente a un preso, y lo trataba como tal, lo interrogaba. No tenía claro quién era, quizás un sedicioso, o un alborotador, un loco... Pero sus respuestas lo dejaban con más preguntas. El interrogatorio terminó con una pregunta sin contestar: ¿qué es la verdad?

"Quien calla otorga", dicen. No estoy seguro, a veces quien calla, ama. Como un padre, como Jesús. A veces la mejor respuesta es el silencio. A veces la mejor pregunta es el silencio.

La Verdad sangraba, había sido torturada y estaba siendo juzgada por el poder. La Verdad siente dolor. Y calla. Podría haber demostrado el poder de la Verdad, podría persuadir a Pilato, hacer algún milagro, pero no, la Verdad aguantaba, y estaba en silencio, aunque transmitía un mensaje. La Verdad estaba siendo interrogada, y callaba. Le golpeaban, y no respondía. La Verdad estaba siendo cuestionada. Él, quien era la Vida, iba a morir. La Verdad, iba a morir.

Lo importante de la Verdad no fue solo lo que dijo, sino su actitud, su respuesta, es decir, lo que ofreció, con su vida.

Filósofos a lo largo de los tiempos han peleado con la Verdad, algunos la han defendido, otros le han escupido, la han manipulado, otros la han eliminado, como el movimiento postmoderno, donde la verdad absoluta no existe (¿es esta última frase una verdad absoluta? y si lo es, ¿entonces la verdad absoluta sí existe? Sería una buena pregunta para aquellos que no creen en la verdad absoluta, es una "contradictio in terminis).

Y Ella continúa callada.

Nuestra palabra "verdad" del castellano, viene del latín "veritas". En griego es "aletheia" (de donde viene nuestro nombre de mujer Alicia), cuya etimología significa "sin velos", desvelar, revelar. Usando la metáfora del teatro: abrir el telón.

En hebreo es la palabra emuná y significa "confianza", algo "confiable", "verdadero". Una verdad experimental, algo en lo que se puede confiar, en lo que tener fe, que es digno de confianza, fiel.

Jesús, la Verdad, partió el velo en dos, desveló a Dios, Aletheia, que estaba encerrado en el lugar Santísimo. Y solo Él es digno de fe, de nuestra confianza, solo Él es verdad, La Verdad. Se abrió el telón y apareció el verdadero protagonista de la historia.

Un día se demostrará que la Verdad es el rey, que Jesús es el Rey.

El hecho de que la Verdad sea una persona tiene implicaciones extraordinarias. No es una verdad estática, que puedes controlar, dominar o poseer. Sino una Verdad con la que puedes dialogar, que puede ser confiable, que puede sostenerte en momentos de dificultad, o puede librarte activamente de la mentira. La razón no es algo para "tener", sino un espacio donde dialogar. Una luz para librarnos de la oscuridad y guiarnos por el camino. Y solo Ella puede hacerlo. Solo unos pocos encuentran ese camino, o quieren encontrarlo... Pilato tenía a Alicia delante y no supo verla. ¿La sabremos ver nosotros?

> A VECES LA MEJOR RESPUESTA ES EL SILENCIO. A VECES LA MEJOR PREGUNTA ES EL SILENCIO.

"Jesús le contestó:
—Yo soy el camino, la verdad y la vida".

Juan 14:6

PARADOJAS

El evangelio es paradójico, es decir lleno de aparentes contradicciones, pero que nos obligan a una reflexión profunda, a una tensión de verdades que podemos contemplar, pero que al explicarlas se nos escapan de las manos.

"Aprovechando la ocasión de estar rodeado de fariseos, Jesús les preguntó:
— ¿Qué opinan ustedes del Mesías? ¿De quién es hijo?

—De David —le respondieron.

—Entonces, ¿por qué David, inspirado por el Espíritu Santo, lo llama "Señor"? Porque fue David quien afirmó:
'Dijo el Señor a mi Señor: Siéntate a mi derecha hasta que haya puesto a tus enemigos bajo tus pies'. ¿Creen ustedes que David habría llamado 'Señor' a su hijo?".

Mateo 22:41-45

Para ahondar en el misterio más importante del mundo, entendemos que lo mejor es hacer buenas preguntas. La identidad de Jesús, quién es Él de verdad, lo cambia todo.

Y entonces descubrimos que sus respuestas despiertan más preguntas. Porque la Escritura hablaba de Él en términos paradójicos. El Mesías iba a ser hijo de David, pero a la vez su Señor. Jesús explicita esto, las dos cosas serán verdad, aunque parecen contradictorias.

Los fariseos, acostumbrados a querer encerrar a Dios en sus dogmas no podían convivir con la paradoja, con un misterio irresoluble. Para ellos, todo debía tener sentido aquí y ahora. Y si no, no era "verdad". Pero la Biblia, el Evangelio, Jesús, está lleno de paradojas. Como el ser humano, como yo. Jesús era el hijo de David, como humano, pero era su Señor, como hijo de Dios. No era una cosa o la otra. Sino una cosa y la otra. Aunque pareciera contradictorio.

Una paradoja es un dicho o un hecho que parece contrario a la lógica, una aparente contradicción, pero que guarda verdades más profundas. Y Jesús y la Escritura son expertos en esto, algunos ejemplos:

morir para vivir, los últimos serán los primeros, más vale dar que recibir, yo no he venido para ser servido sino para servir, el verbo (logos) se hizo carne. Jesús es el Hijo de Dios, el Hijo del Hombre, el Dios ¡crucificado!, el Mesías, que en un sentido, fracasa, el Rey servicial, el que vence perdiendo, fe u obras, gracia o ley, Dios es trino y Uno, quien le ha visto a Él (el Hijo), ha visto al Padre... Y así. Las realidades más profundas son paradójicas. Y lo peor que puedes hacer con una paradoja es intentar resolverla. Cuando eso ocurre, se estropea, miente, está incompleta. Pero nuestro afán de respuestas, de explicarlo todo para que encaje perfectamente en nuestro sistema, de hacerlo todo "sistemático" ha distorsionado estas realidades.

Es hora de que hagamos las paces con el misterio y aprendamos que el misterio no es aquello que no tiene explicación sino aquello que podremos investigar y disfrutar cada vez más profundamente, como el misterio de la Trinidad. ¡Disfrútalo! Es "Verdad", no pretendas resolverlo, tiene sentido pero es inabarcable. Está ahí para que la podamos contemplar, adorar, no es un dilema para resolver. En un sentido, así es Jesús, mi Señor y mi Dios, el hijo de David.

Él es Real. Por eso

Cristo es la respuesta, Cristo es la pregunta, Cristo es la paradoja.

MISS MIEDOS

"Cuando los discípulos vieron que caminaba sobre el agua, gritaron de terror creyendo que era un fantasma, pues estaban muy espantados por lo que veían.

Pero él en seguida les dijo: 'Cálmense, soy yo, no tengan miedo'".

Marcos 6:49-50

"¡Hola!", sería la manera natural de saludar en nuestros tiempos, es una manera sencilla de comenzar una conversación. Pero en muchas ocasiones, cuando Dios, o un enviado de Dios, o Jesús aparece en escena, de alguna manera extraña su saludo es: "¡No tengas miedo!".

Lo desconocido causa temor. Nos queremos proteger de lo que no entendemos. De las dudas. Yo he tenido dudas...

Perdón:

yo tengo dudas. Tengo miedos, mis propios miedos. Cuando el misterio, la pregunta de Jesús me invade, o cuando mis fantasmas salen afuera.

Quiero invitarte a hacer un ejercicio, como esos pastores que dicen: ¡Repite conmigo! Yo nunca lo he hecho. Hagámoslo con un libro, para variar. ¡Repite conmigo!:

"No lo sé".

No saber da miedo. Es como un espacio de oscuridad, de tormenta.

Yo he tenido miedos. Perdón, tengo miedos.

Recuerdo mi primera crisis de fe, cuando me enfrenté por primera vez a la filosofía en primero de bachillerato. Era un espacio incógnito para mí, y el mar de dudas comenzó a mover mi barco. Aparecían argumentos nuevos que jamás me había planteado y me di cuenta de que el barco sólido en el que estaba, navegaba en aguas turbulentas. ¿Existía Dios realmente? ¿Por qué Jesús era Dios? ¿Por qué necesitaba ser salvo? Si Dios existe, ¿por qué existía el sufrimiento? Y en aquel momento solo podía decir:

"No lo sé".

En ese momento es cuando pude ejercer la fe.

"No lo sé".

Y aproveché ese desconocimiento para aprender, para enfrentar mis dudas. Para abrazarlas, para confiar en Jesús, en medio de mis tormentas. Y eso fue extremadamente pedagógico.

Aprendí a resolver mis dudas, pero aprendí algo más importante: a confiar en Jesús, en medio de mis dudas.

Es mucho más importante encontrar a Jesús en medio de mis dudas que encontrar las respuestas a mis dudas.

Hoy tengo dudas, pero no les temo, mis miedos han desaparecido, no porque las dudas sean más suaves, o la tormenta no arrecie con fuerza, sino porque Jesús, vez tras vez, me ha demostrado que si Él está en mi barca, no hay duda que temer.

Los miedos pueden rodearnos, pero en medio de todos nuestros temores, Jesús sigue actuando, sigue despertando inquietud en nuestro corazón, hasta que confiemos en Él y nos cuestionemos todo lo que creíamos que sabíamos, a través de una experiencia con su Persona. Y aunque muchas veces solo acudamos a Él por interés, cuando nuestras seguridades se van a pique, aun así, Él responde desde su comprensión y misericordia.

"Los discípulos fueron a despertar a Jesús y lo llamaron a gritos:
– ¡Maestro, Maestro, nos estamos hundiendo!

Él se levantó y ordenó al viento y a las olas que se calmaran. La tormenta se detuvo y todo quedó tranquilo.

Después les dijo a sus discípulos:
– ¿Dónde está la fe de ustedes?

Ellos, llenos de temor y asombro, se decían unos a otros: '¿Quién será este hombre que aun los vientos y el mar lo obedecen?'".

ES MUCHO MÁS IMPORTANTE ENCONTRAR A JESÚS EN MEDIO DE MIS DUDAS QUE ENCONTRAR LAS RESPUESTAS A MIS DUDAS.

Lucas 8:24-25

Él es la pregunta, y todos estos envites que las dudas nos ofrecen son una ocasión de oro para conocer nuevos aspectos de Jesús. No solo sana a los enfermos, salva a la adúltera, y multiplica los panes, también le obedecen los vientos, y los mares.

¿Quién será? Sé quién es, pero aún

no lo sé.

¿25 DE DICIEMBRE?

"La luz vino al mundo...".

Juan 3:19

El 25 de diciembre es una fecha importante, y tiene que ver con estar íntimamente conectados unos con otros. Ese día nació lo que nos une más allá de lo soñado. Ese día de 1990, en Estados Unidos se realizó la primera prueba exitosa del sistema que se convertiría en la World Wide Web (www), en la Internet como hay la conocemos.

El 25 de diciembre es una fecha importante, y también tiene que ver con Santa María. Ese día, un mundo nuevo, lleno de oportunidades se presentó un nuevo horizonte. Ese día de 1492, en la isla La Española, las actuales República Dominicana y Haití, encalló la carabela Santa María en su primer viaje a América. Luego, con su madera se construyó el primer establecimiento español en América. Lo llamaron: Fuerte Navidad.

El 25 de diciembre es una fecha importante, porque está cerca del solsticio de invierno, el día donde tenemos menos horas de luz en el hemisferio norte. A partir de ahí es como si el sol naciera, y fuera creciendo. En el 274, d.c. (aunque la gente aún no sabía que estaba viviendo en ese año) el emperador romano Aureliano dedicó un templo al dios Sol Invictus, tres días después del solsticio de invierno para conmemorar el renacimiento del sol.

Por eso en el 335 d.c. el papa Julio I, sugirió que se usara esa fecha para conmemorar el nacimiento de nuestra Luz, Jesús. Y en el 354 d.c. Liberio, otro papa, decretó ese día como la fiesta del nacimiento de Jesús de Nazaret.

Ha nacido Jesús. La Navidad me encanta. Aunque Jesús no nació un 25 de diciembre. Pero recordamos su encarnación. Las preguntas del Antiguo Testamento, son respondidas en el Nuevo. Pero no es una respuesta en términos discursivos, sino vitales. Él será la cuestión del mundo. La luz que da sentido a todo, y lo que podrá conectarnos desde lo más profundo, mostrándonos un nuevo horizonte, un nuevo mundo. Fue el principio épico de un cambio radical del mapa de nuestra realidad, de nuestra concepción del mundo.

C.S. Lewis decía que la encarnación de Jesús era una invasión. Me encanta. Jesús vino para cuestionarlo todo, removió absolutamente todo:

El cristianismo se halla de acuerdo con el dualismo en que este universo se halla en guerra. Pero no la tiene como una guerra entre dos poderes independientes. La tiene como una guerra civil, una rebelión, y nosotros vivimos en una parte del universo ocupada por los rebeldes.

Territorio ocupado por el enemigo: esto es lo que es el mundo. El cristianismo es el relato de cómo el rey legal ha desembarcado, aunque pudiera decirse que disfrazado, y nos está llamando a que tomemos parte en una campaña de sabotaje. Cuando se concurre a la iglesia, en realidad estamos sintonizando el mensaje inalámbrico que nos viene de nuestros amigos. [3]

Y ahora, desde Jesús, somos llamados a cuestionarnos todo lo demás. Si Jesús es quien dijo ser, su cruz es un gran interrogante al mundo, su resurrección pone en entredicho todo lo que creíamos acerca del propósito y el sentido de la vida. Lo que entendíamos acerca de nuestras tradiciones y nuestras costumbres. Puso en jaque lo transmitido por el statu quo, y fue juzgado por la religión de la época.

Sus peores enemigos eran aquellos que ostentaban proteger la tradición. Y las acusaciones más fuertes hacia Jesús fueron aquellas que tenían que ver con la aparente ruptura de Jesús con algunas costumbres y enseñanzas.

Por eso, debemos, desde Jesús, el de los evangelios, acercarnos a nuestra tradición, y cuestionarla, disfrutarla e interpretarla como lo hizo Jesús. Sabiendo que Él es el Rey, el Cristo, el Hijo del Dios Viviente, la Verdad. Seguimos en esta invasión que fue iniciada en Navidad, en esta "campaña de sabotaje". Jesús fue capaz de transformar, responder, cuestionar, y salvar con sus palabras a los que tenía alrededor. Nosotros somos herederos de esa tradición de pensamiento y de acción. Y hoy, más que nunca, es necesaria una reflexión acerca de esa tradición.

Acerquémonos a la dialéctica de la Biblia, y descubramos en ella que Jesús es la pregunta.

Dios se hizo hombre. Esta frase nos llevaría toda una vida comprenderla. Que así sea.

3 Lewis, C.S. *Mero Cristianismo*. Ediciones RIALP. Alcalá, España, 2005. (Mere Christianity, 1942). Pág. 62

EPISODIO III

TRADITIO: TRADICIÓN Y TRAICIÓN

En latín son la misma palabra. El lenguaje siempre oculta verdades preciosas.

La tradición es uno de los mayores regalos de gracia que Dios nos ha podido dar. Y todo el mundo sigue sus propias tradiciones, todo el mundo: cristianos, ateos, budistas, musulmanes, capitalistas, comunistas, youtubers, socialistas, de izquierda y de derecha, anarquistas, nihilistas, existencialistas, consumistas, hedonistas, gamers, humanistas... Hasta aquellos que presumen de no tener ningún bagaje, o deuda con el pasado, son hijos de una tradición muy del siglo XX que consiste justamente en eso, "enorgullecerse de romper la tradición e innovar todo el tiempo a cualquier precio". Pero eso es del siglo pasado, o incluso de más atrás, de la Atenas que visitó Pablo hace dos mil años, y ya está pasado de moda.

Aun así, la tradición es la sabiduría acumulada de los que nos precedieron, y nos ayuda a interpretar la realidad, es muy útil, está a la mano, es un don poder estar de pie sobre las respuestas de nuestros padres.

Pero cuando estas se sitúan por encima de la revelación de Dios, por encima de la Verdad, entonces estamos traicionando al Dador de la tradición. Cuando las circunstancias cambian y mantenemos las mismas respuestas solo por amor, celo u orgullo por lo que nos enseñaron, es hora de preguntarnos por qué esta tradición concreta es así, por qué nuestros padres respondieron así en un momento determinado, y quizá es hora de cambiar nuestra manera de pensar y actuar, traicionar la tradición para no traicionar a Dios, porque si no puede ocurrir lo contrario. La reflexión sería que quizá "nuestros padres" no contestarían de la misma manera hoy a como lo hicieron en su momento.

Repensar constantemente el legado que hemos recibido es fundamental para la salud de nuestras mentes y de nuestras comunidades.

Porque nuestra verdadera herencia es la coherencia entre lo que Dios quiere que hagamos y cómo quiere que lo hagamos en un momento determinado. Jesús lo hizo, y la historia de la Iglesia ha sido un constante vaivén con este concepto de Traditio.

Nuestras respuestas han ido variando con el tiempo, para contestar de manera contextualizada los retos que la sociedad nos ha planteado: nuevas formas, lenguajes, acercamientos y dilemas. Y vez tras vez debemos volver a Jesús para cuestionar nuestra tradición, esa es la clave. Porque Jesús es la pregunta, pero antes de cuestionar a los demás, debemos hacerlo con nosotros mismos. ¿Cuáles son las preguntas de Jesús a nuestras tradiciones?

Veamos.

ESPEJO Y ESPEJISMO

> *"El que escucha la palabra pero no la pone en práctica es como el que mira su cara en un espejo".*

Santiago 1:23

Me animaron a leer *El espejismo de Dios* de Richard Dawkins y tenía mucha expectativa cuando lo compré. Un buen amigo mío, ateo, me había desafiado a que lo leyera y así convencerme de cuán equivocado estaba con mi fe. Supongo que quería convertirme, todos tenemos un proselitista escondido en el corazón. Todos.

Para muchos era el libro definitivo. Richard Dawkins es un biólogo muy reconocido. Yo ya había leído su libro titulado *El gen egoísta* donde afirma que somos impulsados por nuestros genes para reproducirnos y que todo lo demás carece de "importancia". Que los genes solo "quieren" duplicarse y transmitir su información genética lo máximo posible y que las otras consideraciones no deben tenerse en cuenta.

Esta tesis me gustó porque definía perfectamente la postura atea naturalista, una alternativa honesta acerca de la vida si no hay Dios, llevado hasta las últimas consecuencias. Solo somos transmisores de genes, un punto de vista muy pesimista y con consecuencias terribles para la existencia, pero si quitas a Dios de la ecuación es lo que queda, sin base objetiva para cuestiones de tanto calado como los valores morales. Como afirma Jorge Drexler, somos:

> *Un enjambre de moléculas*
> *puestas de acuerdo de forma provisional,*

un animal prodigioso
con la delirante obsesión de querer perdurar.

Y poco más.

No estaba de acuerdo con su postura, pero al menos, me parecía coherente, así que si este autor había decidido explicar por qué él tenía esta cosmovisión, yo debía prestarle atención.

Así que, aceptando el desafío, comencé a leer *El espejismo de Dios*.

Y me decepcionó soberanamente. Esperaba que removiera mis principios racionales, que intentara dar datos históricos y filosóficos para demostrar lo difícil que es creer en un Dios bueno, que pusiese en jaque valores que damos por sentado, etc. Estaba listo para la "tormenta perfecta", subido en el barco de mi fe. Olía a batalla, y eso me motivaba.

Pero no. Encontré un libro de fuegos artificiales y humo distractor que se limitaba fundamentalmente y de forma fundamentalista a criticar la religión en todas sus expresiones, sin distinguir unas de otras, y dando más bien pataletas de alguien que está herido. Sus argumentos eran muy pobres y apelaban en su mayoría a juzgar las injusticias que se han cometido en nombre de Dios. Con frases salidas de tono que básicamente pretendían provocar y no necesariamente entablar un diálogo constructivo y sereno. También trataba otros temas interesantes pero la sensación general que te llevas al leerlo es esa. Mucho ruido y pocas nueces.

Supongo que ser un gran biólogo no te convierte automáticamente en un gran filósofo. No sé.

Si este autor era uno de los cuatro jinetes del *no*-apocalipsis (como llaman a los cuatro autores más prominentes del "nuevo ateísmo": Richard Dawkins, Christopher Hitchens, Daniel Dennett y Sam Harris), ese día creo que había olvidado su caballo en alguna parte.

El punto es que muchos, como Dawkins, creen que criticar lo que la gente hace en nombre de Dios, o lo que instituciones han hecho en nombre de un Ser Superior puede hacer tambalear nuestra fe.

Lo que muchos no saben es que antes de *El espejismo de Dios* leí un libro mucho más incisivo, elocuente y crítico con la religión: La Biblia, que no es un espejismo, sino un espejo, nítido y claro. El más desafiante de todos.

Y no solo es mordaz con la religión, también lo es con nuestros enfoques acerca de quién es Dios, planteándose honestamente el problema del dolor, poniendo en tela de juicio el statu quo, repensando tradiciones constantemente, y fijándose en las injusticias de maneras que a muchos podrían resultarles ofensivas.

Es decir, nuestras Sagradas Escrituras, son un libro mordaz donde la religión es criticada vez tras vez, donde hay diálogos internos muy fuertes entre los profetas más dinámicos y rompedores, por un lado, y los sacerdotes, más estáticos y que querían mantener a rajatabla las costumbres, "tradiciones", del templo.

En la Biblia la imagen de Dios se redefine, para ir afinando y contestar a la pregunta ¿quién es Dios? ¿Por qué actúa así? Hay palabras e imágenes subidas de tono, más provocativas que cualquier libro del "nuevo ateísmo". La Biblia no tiene pelos en la lengua. Es una espada, sin piedad frente a las incoherencias lógicas. Y si hablamos de Jesús, es otra liga.

La hipocresía es denunciada, y el mal que se hace en nombre de Dios es acusado duramente. Mucho más duramente que en *El espejismo de Dios*.

Sí, nuestra tradición como creyentes, incluso en nuestro libro inspirado, es de repensar siempre nuestras creencias, nuestros actos, no dar por hecho nada, volvernos a mirar en el espejo de Su Palabra, para ver si somos coherentes, si la manera de articular nuestra fe sigue teniendo sentido. El problema es que muchas veces nos vemos en el espejo, y pronto olvidamos que estábamos sin peinar. Luego salimos al mundo, y el mundo nos ve desarreglados.

Pero eso no tiene por qué ser así. Volvamos a Jesús, a mirarnos desde Él, y rompamos con todo aquello que es innecesario. Lavémonos la cara todos los días frente a la Escritura, no permitamos que el polvo del camino, de la tradición, se acumule y nos distorsione.

Sí, la relación de Jesús con la tradición es tensa. Eso no es malo, es lo que es. Nuestra relación con la tradición debe reflejar esa tensión. No vivamos en el espejismo de un cristianismo sin Cristo, acerquémonos a Jesús sabiendo que, si nos acercamos mucho, podemos estar alejándonos de algunas cosas que dábamos por hecho.

A veces, seguir a Cristo, seguir siendo cristiano, sin traicionar a nuestro Señor, implicará alejarnos de nuestra tradición, y en otras ocasiones, acercarnos. Ese es el legado que recibimos. Debemos renunciar a los espejismos de seguridad que nos prometen las "palabras de los hombres", y afianzarnos en el espejo, siempre firme, siempre incisivo, de la Palabra de Dios.

PERO YO LES DIGO

"Ustedes saben que está escrito: 'Ojo por ojo y diente por diente'. Pero yo les digo: No paguen mal por mal. Si los abofetean en la mejilla derecha, presenten la otra".

Mateo 5:38-39

Ese "pero" es muy peligroso. Pero tremendamente necesario. Debemos recordar constantemente que somos cristianos, no biblianos, es decir, somos el "pueblo del libro" como nos encantaba llamarnos antiguamente, pero sobretodo somos el "pueblo de la Persona".

Nuestra interpretación de las Escrituras es desde Jesús, eso es lo que caracteriza nuestro movimiento. Otro tipo de perspectiva. El cubismo, un movimiento pictórico que tuvo sus inicios al principio del siglo XX con Picasso a la cabeza, rompió con la idea de un solo punto de **NUESTRAS SAGRADAS ESCRITURAS SON UN LIBRO MORDAZ DONDE LA RELIGIÓN ES CRITICADA VEZ TRAS VEZ.** fuga en un cuadro, y cambió la historia de la pintura para siempre. El autor podía hacer que el cuadro pudiese tener distintos puntos de vista, y el creador, el artista, tenía libertad para mostrar la realidad de manera poliédrica. Y ver una misma imagen desde otro ángulo.

Eso hizo Jesús.

Ustedes han oído que fue dicho... así se lo habían enseñado, eso es lo que creían que decía la Escritura, pero yo les digo... Y aquí permíteme ser un equilibrista, sobre la cuerda floja, con un bastón, lo más largo posible para ayudarnos a no caer al vacío.

Permíteme ser claro:

La Biblia es la Palabra de Dios, la Biblia dice que Jesús Es la Palabra de Dios, el Verbo, el Logos. La Biblia dice que Jesús es la Verdad. La Escritura en su conjunto es un mensaje que nos muestra al Padre. Al Padre, nadie le ha visto jamás, Jesús lo ha dado a conocer. Quien ve a Jesús, ha visto al Padre.

EPISODIO III - Traditio: tradición y traición

Pero...

Nuestra interpretación de las Escrituras siempre estará mediada por lo que nosotros somos, y eso debe darnos humildad al acercarnos, generación tras generación, y aprender a reinterpretar a la luz de nuestras realidades y conflictos, lo que la Palabra de Dios dice.

Su Palabra es sagrada, la nuestra no. Y Dios ha querido que Su Palabra, esté mediada por la nuestra. Que "co-laboremos". Eso convierte a la Escritura en un libro divino, pero a la vez, humano. Y aquí no debes olvidar la palabra "paradoja", y abrazarla.

Jesús no vino a abolir la ley, sino a cumplirla. El capítulo 5 de Mateo es el cumplimiento, Jesús se sienta (¿recuerdas el primer Sermón de Mateo, el del Monte?) y dice varias veces: "Pero yo les digo...", analiza lo que hasta ahora la gente creía que era lo correcto, en su relación con Dios, en sus relaciones con sus amigos, sus enemigos, e incluso su cónyuge... Y lo pone todo patas para arriba.

Como el nuevo Moisés, se pone a "legislar" y reinterpreta las Escrituras y las tradiciones heredadas. Incluso las de mayor calado como esta de "ojo por ojo". La menciona, pero dice que es insuficiente para su Reino de justicia. Que lo que debemos hacer no es devolver mal por mal, sino bien por mal, poner la otra mejilla... Esto hoy nos resulta familiar, amigable, hasta coherente. Pero en aquel momento era revolucionario.

Toda la Ley está basada en este principio del Talión: el que la hace la paga. Y llega Jesús, se sienta en la cátedra y dice: "No. Lo que realmente quiero, la verdadera perspectiva de este cuadro, no es la venganza proporcional, sino estar dispuesto a sufrir el agravio, llevarlo hasta las últimas consecuencias, y solo así, anular el mal".

Y así con todos los temas.

Y Jesús no solo dijo un discurso bonito, en la cruz demostró que era posible vivir (y morir) de acuerdo a este cambio de paradigma.

Y que solo así se podía hacer justicia. Y resucitar.

Medio en broma se dice: "Si ojo por ojo y diente por diente se aplicase, todos ciegos y sin dentadura". Es verdad. Jesús lo sabía, la violencia solo engendra violencia.

Él cuestiona nuestra interpretación de la Ley, la reubica, propone otros puntos de fuga, y de repente le da un sentido más profundo, coherente y completo. Otros ángulos que "cumplen" el propósito del verdadero Autor. En un sentido, solo poniendo en duda la tradición recibida, Jesús fue fiel a la tradición.

Pero yo les digo...

Hoy en día damos por hecho muchas cosas, que etiquetamos como Palabra de Dios, y quizá, digo, solo quizá, puede que estemos equivocados, y hayamos confundido "la gimnasia con la magnesia", y sean palabras de hombres, tradiciones humanas.

Quizá debamos traicionar esas tradiciones para ser fieles a Dios.

"Ustedes pasan por alto los mandamientos de Dios y se aferran a la tradición de los hombres. Rechazan las leyes de Dios por guardar la propia tradición de ustedes".

Marcos 7:8-9

¿Seguimos corriendo este peligro hoy? Dejemos que Jesús nos siga cuestionando, que siga diciéndonos:

"Pero..."

"Nada es permanente a excepción del cambio".

Heráclito

LAS SAGRADAS ESCRITURAS (CUESTIONAR NUESTRA INTERPRETACIÓN)

"Así, ustedes pisotean la ley de Dios por guardar la tradición humana. Este es sólo un ejemplo de muchos".

Marcos 7:13

"Lo que ves y escuchas depende de qué tipo de persona eres y desde qué punto estás mirando".

C.S. Lewis

Y quisiera seguir ahondando en este concepto. Permíteme que haga una distinción entre revelación y teología. Es fundamental que veamos sus diferencias, porque si no podemos llegar a malentendidos.

La Revelación, es lo que Dios nos ha dado, lo que nunca cambia: Cristo, Su Palabra, lo que ocurrió en el tiempo y en el espacio, quién es Dios, etc.

La teología es la reflexión que hacemos acerca de esas verdades que nunca cambian, y que realizamos de manera personal y comunitaria a lo largo de los tiempos. Y ahí entran en juego nuestras neuronas, nuestra cultura, nuestra lengua, nuestros sentimientos, nuestras heridas, nuestro bagaje familiar, doctrinal, "teo-lógico", nuestros traumas profundos, el siglo en el que vivimos, y un largo, casi infinito, etc.

Eso no nos impide acercarnos a la Verdad, pero sí nos da margen de maniobra. Es decir, La Revelación no cambia, la teología sí. Y este concepto es muy, muy bíblico. Es parte de nuestra Tradición.

En Hechos 15 se dio la primera asamblea de la Iglesia, en Jerusalén, para tratar un problema que la misión, que las circunstancias, planteaban. La teología hasta ese momento no había reflexionado acerca del tema, pero la misión "obligó" a la Iglesia a hacer teología a la luz de la Revelación, pero también a la luz de lo que la misión demandaba. La cuestión estaba sobre la mesa.

Se estaban convirtiendo incircuncisos. Y eso no podía ser. La teología hasta ese momento, la reflexión de la comunidad no había contemplado ese caso. Se predicaba a judíos, y no había problema. Se daba por hecho que, para seguir a Jesús, para ser cristiano, primero había que ser judío, pasar por una operación médica no muy agradable e imagino que muy delicada. Y cumplir con los requisitos de lo que significa ser judío.

En otras palabras, para seguir a Jesús, había que cumplir la Ley, había que ser de la cultura judía, no se podía ser griego y cristiano, o sirio y cristiano, no. Había que pasar por el aro de la tradición judía. Así había sido siempre.

Pero de repente, los gentiles comienzan a experimentar el perdón de pecados, la llenura del Espíritu Santo, la conversión. Sin operación clínica, sin cumplir la Ley. La revelación se les fue de las manos y superó su teología.

La tradición colapsaba, y la Iglesia, sabiamente, decide reunirse para hacer teología acerca de esta cuestión. Después de una discusión no pequeña (dice Lucas), llegan a esta conclusión:

"Nos ha parecido bien, al Espíritu Santo y a nosotros, no imponer sobre ustedes ninguna carga aparte de lo siguiente: Sólo les pedimos que se abstengan de comer carnes ofrecidas a los ídolos, sangre, animales ahogados, y que, por supuesto, se aparten de los vicios sexuales. Bastará que se abstengan de estas cosas.

Los saludamos con nuestros mejores deseos".

Hechos 15:28-29

Desde la humildad, "nos ha parecido bien, al Espíritu Santo y *a nosotros...".* Una decisión consensuada entre el Espíritu Santo y los seres humanos.

Esto cambió para siempre la historia de la Iglesia y es la razón por la cual tú estás leyendo esto hoy, sea hoy cuando sea, en tu caso.

Y creo que hay muchos temas que debemos tratar, si queremos ser fieles a la Revelación.

Déjame serte honesto.

Mi interpretación de las Escrituras ha colapsado muchas veces. Y lo sigue haciendo. Lo que pensaba que sabía con seguridad y defendía con osadía y vehemencia hoy no lo tengo tan claro, y me encanta. No es una apología del

LA REVELACIÓN NO CAMBIA, LA TEOLOGÍA SÍ.

desconocimiento, pero sí un ejercicio de humildad. Los cristianos que están seguros de todo me dan mucho miedo.

Además, hablando con mis amigos, pastores, teólogos, predicadores, etc., es una experiencia común. Sean del color que sean: reformados, bautistas, pentecostales, metodistas, luteranos... Todos hablan de que su teología ha progresado, no piensan exactamente igual que hace diez años, no predican lo mismo, sus énfasis son diferentes. Recordemos la máxima de la reforma, (creo que la he puesto en todos los libros que he escrito):

"Ecclesia reformata semper reformanda est secundum verbum dei".

...Siempre reformándose según la Palabra (el verbo) de Dios.
Los temas que hemos abordado a lo largo de nuestra tradición han sido muchísimos. Piensa por ejemplo en la idea que teníamos de la esclavitud en el siglo XIX, ¡la defendíamos con argumentos bíblicos! Hoy nos parece increíble una postura así por la ventaja que nos da la distancia histórica. Pero si nuestros hermanos en aquella época estaban ciegos, ¿no lo estaremos también nosotros en algunos temas hoy y alguien dentro de cien años podría decir lo mismo de nosotros?

Los temas están sobre la mesa: el ministerio de la mujer, la justicia social y la ecología, la familia, la Iglesia como movimiento más allá de la institución, el mundo virtual, la relación con la tecnología y cómo afecta eso a nuestra espiritualidad, las nuevas expresiones litúrgicas, las nuevas metáforas para explicar Su Palabra, y un largo etcétera que nos está esperando.

Jesús es la Palabra de Dios. Desde Él estoy convencido de que podemos abordar todos los temas que se nos presenten, por amor a Dios, y a la misión. Para ello, deberemos traicionar, si Dios lo demanda, nuestras tradiciones.

"El cielo y la tierra pasarán, pero mis palabras nunca pasarán".

Marcos 13:31

LA CUESTIÓN DEL SABAT

"Y les preguntó a los otros:
— ¿Qué es correcto hacer en el día de reposo: el bien o el mal? ¿Es este un día para salvar una vida o para matar?

No le contestaron".

Marcos 3:4

Marcos, siempre rompedor, siempre poniendo nuevos marcos, nuevas perspectivas al cuadro. Fue un pionero.

Una de las razones de mayor discusión de Jesús y los fariseos era la cuestión del día de reposo. Hoy nos parece algo sin importancia, pero para los judíos era capital. En la Ley, había incluso un texto donde ajusticiaron hasta la muerte a un individuo por saltarse el Sabat, cumpliendo Éxodo 31:14.

Desde el anochecer del viernes hasta el anochecer del sábado, los judíos celebran el Sabat, el día de reposo. Y son muy estrictos con el tema. La última vez que viajé a Israel, pude sentir sus consecuencias que llegan hasta hoy. En los elevadores del hotel, había uno que durante el Sabat bajaba y subía constantemente parándose en cada planta de manera automática, para que los judíos ortodoxos no incumplan el Sabat, porque para ellos, pulsar un botón es trabajar.

Sin querer me subí en un ascensor Kosher el viernes por la tarde, y estaba en la planta 12, tardé bastante en llegar al hall, pero conocí gente muy interesante y habladora. Los taxis ese día valen mucho más, solo trabajan los que no son judíos y se aprovechan... El café del sábado por la mañana es un café que está en termos desde el día anterior, porque ese día no pueden calentar café... Así es el Sabat.

Hoy en día, el sábado sigue siendo fundamental para el judaísmo. ¡No me quiero imaginar en el siglo I donde su identidad estaba en juego constantemente!

Hay algo que hizo Jesús, y quizá te suene fuerte. Pero no he encontrado una palabra mejor para definirlo, y como es parte de nuestra tradición debo decirlo:

Jesús relativizó.

Según el diccionario, relativizar es conceder a algo un valor o una importancia menor.

Jesús relativizó muchas cosas: el Sabat, las costumbres de lavarse las manos, el no sentarse con pecadores a comer... muchas de las interpretaciones que los fariseos tenían de las Escrituras.

Jesús las relativizó, les dio un valor menor, comparado con otras cosas de mayor importancia.

Lo que para los fariseos era absoluto, para Jesús no lo era. Y viceversa. En la tradición rabínica esto era común, la discusión muchas veces giraba en torno a algo así: cuando dos mandamientos chocan entre sí, ¿cuál debe estar por debajo del otro? Jesús participó de estos diálogos muchas veces, en este juego que en la edad media fue conocido como el pilpul, pregunta y contrapregunta.

¿Cuándo hay que salvar un animal en sábado? ¿Se puede transgredir el sábado, es decir, relativizarlo, por un bien mayor, salvar una vida?

¿Cuál es el mandamiento más importante? ¿Hay algún mandamiento imposible de relativizar? ¿Hay absolutos?

Jesús dijo que sí, que no había uno, sino dos, y que no eran negociables. Pero los otros mandamientos, en función de estos dos, sí lo eran.

La matriz desde la que debemos juzgar todas las reflexiones teológicas son los dos no-negociables que Jesús nos dejó, rescatados del libro de Deuteronomio y unidos por el genio teológico de Jesús de Nazaret, un tándem indisoluble que son la cumbre de la moral y el resumen y compendio de toda la Ley:

Amar a Dios sobre todas las cosas, y al prójimo como a ti mismo. No hay nada por encima de eso, nada.

Y nada es nada:

dogmas, liturgias, denominaciones, otros valores morales, costumbres culturales o eclesiásticas, tradiciones de cualquier tipo.

Y hay más:

"El sábado se hizo para el ser humano y no el ser humano para el sábado".

Marcos 2:27

Para los fariseos, el ser humano debía estar en función del sábado, que representa la Ley. Pero Jesús en esta frase lapidaria, hace un giro copernicano, y dice que es todo lo contrario. ¿Quién es el absoluto? ¿Desde dónde debemos tomar decisiones y cuestionar todo lo demás? Jesús lo tenía claro, no sé nosotros.

Su causa fue la humanidad, Juan 3:16, e hizo todo lo posible por cumplir con su misión. Todo lo demás, estaba en función de eso.

Era relativo a eso.

Guárdate las piedras.

CO-HERENCIA

"Toda la vida de un individuo es una contradicción continua de lo que sabe que es su deber".

"– ¿Por qué tus discípulos no siguen la tradición de los ancianos? ¿Por qué comen sin lavarse conforme al rito? —le preguntaron a Jesús los maestros de la ley y los fariseos.

Jesús les respondió:
– ¡Hipócritas! Bien dijo el profeta Isaías acerca de ustedes: 'Este pueblo de labios me honra, pero lejos de mí está su corazón. La adoración que me brindan no les sirve de nada porque enseñan tradiciones humanas como si fueran mandamientos de Dios'.
Ustedes pasan por alto los mandamientos de Dios y se aferran a la tradición de los hombres. Rechazan las leyes de Dios por guardar la propia tradición de ustedes".

Marcos 7:5-9

Lo que debemos definir entonces es ¿qué es tradición humana y qué mandamiento de Dios? En otras palabras, ¿cuáles son los medios y cuáles los fines?, ¿cuál es la forma de hacer las cosas (que puede cambiar) y la función (que no debe cambiar)? Esta es la eterna discusión, o la tensión en la que hemos de vivir. Y si no lo verbalizamos el peligro es la falta de coherencia: la incoherencia.

En labios de Jesús: la hipocresía. Cuando relativizamos lo que Dios no quiere que relativicemos y cuando convertimos en absolutos aquellas

¿QUÉ ES TRADICIÓN HUMANA Y QUÉ MANDAMIENTO DE DIOS?

cosas que Dios ve como relativas, estamos siendo incoherentes con nuestra verdadera tradición.

Esa no es nuestra "herencia".

Y esta incoherencia es uno de los mayores peligros que tenemos. Que por culpa de nuestras tradiciones (la forma) descuidemos el mandamiento (la función).

Permíteme ponerte un ejemplo sencillo. Dios nos anima a predicar el evangelio, a hacer discípulos: esa es la función. Ahora bien, ¿cómo lo hacemos? Podemos poner un púlpito y hacer predicaciones de una hora y seguir manuales de discipulado, entendiendo este como una clase donde se transmiten conocimientos.

En un momento de la historia, la reflexión teológica llegó a la conclusión de que esto funcionaría, y... ¡funcionó! Pero, ¿y si deja de funcionar? ¿Y si la master class de una hora con un púlpito de madera pudiera sustituirse o complementarse con un acercamiento comunitario y dialogado? ¿Y si planteamos un discipulado donde compartir vida? ¿Estaríamos dispuestos a hacer las cosas de manera diferente por cumplir con el mandamiento? ¿O por la vaca sagrada del púlpito de madera (la forma) estaríamos dispuestos a no ser comprensibles y no cumplir con la función?

Este ejemplo es uno, a mi juicio, simplón. Pero es un ejemplo. Y deberíamos llevarlo a todas las áreas de actuación, nuestro lenguaje, nuestra lectura bíblica, nuestra manera de "evangelizar", incluso nuestra definición de lo que es evangelizar, o "Iglesia" o "Salvación", o "Santidad", etc. No solamente tienes el derecho de cuestionarlo, tienes el deber de hacerlo. Recuerda la frase de Tolstoi, ¿cuál es tu deber?

Me encanta Jesús, Él sigue siendo la pregunta. Síguelo. El cristianismo es coherente. Ten "co-herencia".

Recordando que las palabras no son absolutas, Dios lo es.

LA BELLEZA DE LA TRADICIÓN

"Entonces Jesús añadió:

—Los maestros de la ley que se han convertido en mis discípulos tienen a su alcance un tesoro doble: las antiguas verdades de las Escrituras y las verdades nuevas que mis enseñanzas revelan".

Mateo 13:52

La tradición es preciosa. Por ejemplo, la del 31 de octubre. Permíteme de nuevo jugar a este juego de las coincidencias de las fechas.

No te asustes, aunque para muchos esa fecha es sinónimo de Halloween, es un día con tradiciones dignas de recordar. Ese día, en 1992, el papa Juan Pablo II reconoció que la Iglesia se equivocó (¡!) al haber condenado a Galileo Galilei. Esto nos llevaría a otra reflexión acerca de cómo la ciencia dialoga con la teología y nos enseña otros ángulos de la Revelación. Traicionando nuestros presupuestos, haciendo una relectura de las Escrituras, con nuevas gafas que nos ayudan a leer "mejor". Si no lo hacemos, corremos el peligro de hacernos terraplanistas.

Pero trabajé este tema en mi anterior libro "Artesano" al que te remito, una excusa de autopublicidad. Sigo.

Ese día, en 1512, se inauguraron los frescos de la Capilla Sixtina, pintados por Miguel Ángel. ¡Desnudos en una Iglesia!, a la vanguardia del arte, y redefiniendo la pedagogía, dando honor al cuerpo humano, que no es malo, ni cárcel del alma, ni objeto de pecado, sino regalo de Dios.

Justo cinco años después, en Wittenberg, Martín Lutero clavó las noventa y cinco tesis en el pórtico de la Iglesia de Todos los Santos, y ese día se considera el inicio de la Reforma Protestante. Quizá este es el momento histórico más relevante para nosotros, para recordar nuestra herencia, nuestra Traditio.

Y ¿sabes? Al parecer, un 31 de octubre del 445 a.C. en Jerusalén, el maestro de la Ley, Esdras, leyó el libro de la ley a los israelitas, recuperó la tradición como parte de la restauración de la ciudad en tiempos de Nehemías y el resultado fue una tremenda alegría y un avivamiento extraordinario.

Jesús nos enseña que es genial conocer la tradición si eres sensible a la misión. Es como la música jazz. Cuantas más escalas practicas, más dominas las tonalidades y los modos, más estudias las reglas, la armonía, la rítmica... más capacidad tienes para improvisar, para romper algunas normas, aunque en realidad estás cumpliendo con la musicalidad. Así es la tradición.

Porque por otro lado están aquellos que solo quieren romper por romper, como los atenienses de Hechos 17, que solo querían escuchar algo nuevo. No es mi intención, y me parece una actitud infantil. Es mejor, en primer lugar, conocer nuestro pasado, honrarlo, ver su belleza, pero no quedarnos ahí. Debemos actualizarlo y recuperar incluso, si es necesario, perlas olvidadas en el camino. A veces para avanzar, para traicionar correctamente la tradición, descubres, que ¡esa tradición había traicionado a una tradición anterior que hay que recuperar! ¿Te has perdido?

Ocurrió con el jazz. Desde el renacimiento, la música se basaba en dos modos: el mayor y el menor, que correspondían a dos modos griegos de los siete que había, (concretamente el jónico y el eólico). Se habían olvidado o dejado de usar los otros modos griegos que se usaban en la Grecia clásica y que se pusieron de moda en la Edad Media, eran los hits gracias, entre otras cosas, a la recopilación que hizo el papa Gregorio I, de ahí el término "canto gregoriano". Para innovar, en el siglo XX, se volvieron a recuperar los modos griegos como base armónica del jazz. Lo demás es historia.

¿Habremos heredado una forma de predicar del siglo XVI y quizá como en el jazz, para innovar debemos ir más atrás y recuperar tradiciones más antiguas? ¿Cómo lo hacía San Agustín? ¿Y Pablo? ¿Y Jesús? Nuestra tradición es bella. Sigámosla, es jazz, no una partitura clásica inamovible.

TRADUTTORE, TRADITORE

Traductor, traidor. Eso es lo que significa.

Es una máxima que manejan los traductores de textos de ensayo, novelas... Toda traducción es en alguna medida una traición al original. Un buen traductor sabe que no existe la traducción perfecta, pero intentas acercarte al significado, a lo que quiere transmitir, de la mejor manera, conociendo tus limitaciones, tus traiciones inherentes que no puedes evitar. Es como la verdad, puedes acercarte, puedes conocerla. Pero no es tuya.

Uno de los mayores traidores es la literalidad. La Biblia, la Escritura, siempre es mediada, es traducida. Nuestra predicación siempre será una traducción. Un acercamiento a la verdad, no la verdad misma. Porque, nuestras palabras no son absolutas ni inerrantes, Dios lo es.

La Biblia ha sido traducida a más de quinientos idiomas, y alguna parte de ella, a miles. Es el libro más traducido de la historia, y sigue. Hay casi siete mil lenguas vivas en el mundo y miles de millones de personas que aún no conocen a Jesús que esperan, sin saberlo, el trabajo de los traductores.

El esfuerzo merece la pena. Y traducir su Palabra, incluso con los peligros y limitaciones que comento, es un deber ineludible.

Y nosotros, con nuestra vida, también somos traductores, con todo lo que eso conlleva. A través de nuestro cableado único, vivimos, sentimos, pensamos y compartimos la Palabra. El término teológico es: la encarnamos. La hacemos carne.

Siguiendo el ejemplo de Jesús:

"Y la Palabra se hizo hombre y habitó entre nosotros. Y hemos visto su gloria, la gloria que le pertenece al Hijo único del Padre, en el que abundan el amor y la verdad".

Juan 1:14

Para traducir, hacer comprensible a Dios, la encarnación es inevitable.

Por alguna razón que no termino de entender, Dios ha decidido comunicarse a través de nosotros, y que nuestras particularidades también formen parte del mensaje.

Y la Biblia no está exenta de ellas. Los propios autores humanos impregnan sin querer con su personalidad y su idioma el texto y convierten a la Biblia en un libro único: divino y humano.

Las palabras, estrictamente, deben cambiar para hacer que el mensaje se entienda. Jesús predicaba en arameo, así que tuvo que traducir algunas cosas del texto que manejaban en aquella época en hebreo. La verdad eterna, en labios de Jesús, sonaba en el idioma del pueblo, con nuevas metáforas y acercamientos.

DIOS HA DECIDIDO COMUNICARSE A TRAVÉS DE NOSOTROS Y QUE NUESTRAS PARTICULARIDADES TAMBIÉN FORMEN PARTE DEL MENSAJE.

La palabra metáfora viene del... ¡griego! y significa traslado, yo llevo una cosa de un sitio a otro. Transportar una idea, de un lugar a otro.

Lo más importante no es la palabra en sí, sino el sentido, el significado, el mensaje, lo que comunica, lo que transporta. Jesús tradujo a Dios para que la gente lo entendiera. Es todo un arte.

¿Cómo traduciríamos al inglés algunas frases hechas del castellano como "ponerse las botas"? En España significa comer mucho, excederse, pero una traducción literal de esta frase sería una auténtica traición al significado de la mismas: "put on the boots". Sería un auténtico sin sentido.

Queriendo ser fieles a "las palabras", a la forma, traicionamos la función.

Para hacerlo bien, debemos conocer no solo el idioma que vamos a traducir, sino al cual vamos a traducirlo, y también conocer su idiosincrasia.

Si no, seremos muy traidores, mucho peores. Hay que decidir: traicionar la forma o traicionar la función. Esa es la cuestión.

Como traductores de Dios debemos ser ese puente entre el Dios que se comunica y la cultura a la que se quiere comunicar. Somos *pontifex*, constructores de puentes y debemos esforzarnos al máximo en conocer los dos mundos que queremos unir.

Solemos orar: "Hágase tu voluntad como en el cielo, así también en la tierra", pero no reflexionamos acerca de las repercusiones de esta oración. La palabra se hizo carne.

Como comunidad, como movimiento de Jesús, debemos aprender a traducir de manera fiel el mensaje, a costa de no ser fieles necesariamente a las formas. Para ello, no es suficiente conocer qué vamos a comunicar, sino también a quién.

John Stott hablaba de la doble escucha, un concepto necesario para nuestros tiempos. Él decía que primero nuestro deber es escuchar al mundo moderno para intentar comprender cuáles eran los asuntos relevantes que se debían tratar, las necesidades profundas de la cultura que nos rodea. En segundo lugar, tenemos el deber de escuchar la fe, inmutable, desde Jesús, desde Su Palabra, para saber cuál es el mensaje que debemos comunicar. Por último, nuestro deber es construir un puente entre esos dos extremos. Debemos comprender el mundo que nos rodea a través de la Biblia, y la Biblia a través del mundo que nos rodea. Es un camino de ida y vuelta, cruzando el puente.

Es un llamado peligroso, pero urgente y necesario: ser traductores, ser traidores.

PABLO DE TARSO, DE MÁLAGA

Pablo conocía muy bien su oficio. Y también su herencia. Había estudiado con los mejores, y estaba llamado a ser el mejor en su área del conocimiento. Pero la providencia le llevó a romper, queriendo o sin querer, con la tradición, con la perspectiva que hasta ese momento se tenía. Para ello usó las mismas herramientas que todos los demás, pero de manera diferente. Con otra inspiración.

Pablo Ruiz Picasso nació en Málaga, hijo de una familia acomodada. Su padre era profesor de Bellas Artes. Cuenta la leyenda que cuando vio un cuadro de su hijo, siendo un niño, le dio todos sus pinceles y dijo que jamás volvería a pintar.

Con esos pinceles Picasso dibujó y marcó el camino de la historia de la pintura. Después de vivir en diversos lugares de Europa y en diálogo con varios movimientos de principios del siglo XX, en 1908 terminó formulando el cubismo. Estaba persiguiendo algo, no sabía muy bien el qué. Pero terminó encontrándolo.

Y eso lo cambió todo. No es un "ismo" más. Está considerado como la ruptura definitiva con la pintura tradicional. En el cubismo se rompe el último estatuto renacentista: la perspectiva. Y nace la perspectiva múltiple, de manera que se puede ver todas las partes de un objeto desde el mismo plano. Una persona puede aparecer de frente y de perfil, con la nariz hacia un lado... Ya no existe un punto de vista único. ¿Ya visualizas los cuadros de Picasso en tu mente?

A partir de ahí, se abrió todo un mundo de posibilidades, y de exégesis del arte. A mi juicio, algunos se pasaron de frenada y solo hacían tonterías, con perdón de los artistas totipotentes, pero en otros casos se pudo explorar de maneras profundas las posibilidades de un arte que había tenido sus limitaciones por culpa de la tradición. No era romper por romper. Picasso era un profesional, con una técnica extraordinaria desde que era un niño, pero su talento, su formación, su tradición, le llevó a quebrar la perspectiva, traicionarla.

Por amor al arte.

Pablo conocía muy bien su oficio. Y también su herencia. Había estudiado con los mejores y estaba llamado a ser el mejor en su área de conocimiento. Pero la providencia lo llevó a romper, queriendo o sin querer, con la tradición, con la perspectiva que hasta ese momento se tenía. Para ello usó las mismas herramientas que todos los demás, pero de manera diferente, con otra inspiración.

Pablo de Tarso había estudiado la Ley a los pies de Gamaliel, el maestro más reconocido de su época. Además, no solo era judío, de la tribu de Benjamín, con todos los galones posibles, sino que era ciudadano romano, instruido, viajado, con un conocimiento extenso de la cultura griega. Su celo lo llevó a ser perseguidor de la Iglesia, hasta que Jesús se encontró con él, camino a Damasco, y cuestionó su vida.

> *"Cayó al suelo y escuchó una voz que le decía:*
> *—Saulo, Saulo, ¿por qué me persigues?".*

> *Hechos 9:4*

Jesús le preguntaba. Saulo había dedicado su vida a perseguir algo y terminó encontrándolo, pero no como esperaba. Y entonces su perspectiva cambió. De hecho, estuvo unos días ciego. A veces, antes de cambiar de perspectiva hace falta un tiempo de no ver nada, y pensar, reflexionar.

Desde ese momento, todo cambió. Los planteamientos teológicos heredados ya no eran suficientes. La Luz de Jesús, daba nuevos ángulos a sus libros Sagrados. Había roto con su tradición. Aunque Pablo sabía que en realidad estaba dándole cumplimiento.

Muchos lo trataron de traidor. Pero en realidad él estaba siendo fiel a la Traditio. Reformuló el significado de ser judío, de ser parte de un pueblo, de lo que significa la salvación, y dedicó su vida a señalar que Dios no solo vino por los judíos, que había unas perspectivas más amplias con las que interpretar la historia, que Jesús nos enseñó distintos perfiles de Dios, inabarcables, como la Trinidad, pero que podemos disfrutar desde nuestro plano.

No era romper por romper. Pablo era muy reconocido dentro de su gremio y conocía a la perfección la teología vigente hasta ese momento. Desde entonces, es verdad que algunos teólogos pueden pasarse de frenada, no solo los artistas hacen y dicen cosas sin sentido. Pero vale la pena correr el riesgo porque en otros casos se pudo explorar de maneras profundas las posibilidades de un arte, que había tenido sus limitaciones por culpa de la tradición. Insisto, no era romper por romper. Pablo de Tarso era un profesional, con una técnica extraordinaria desde que era un niño, pero su talento, su formación, su tradición, le llevó a quebrar la perspectiva, traicionarla.

Por amor al arte. Por amor a Dios.

Porque tus nuevas perspectivas, mañana podrían ser tradición.

¡Que continúe el arte de la Traditio: tradición y traición! En el nombre de Jesús, el que cuestiona.

Nota personal:

Mi madre también es de Málaga, como Pablo. Es un terremoto imparable, llena de "salero" y gracia. Dicen que, si tengo algo de artista, de chico de escenario y de soltura, lo habré heredado de ella.

Pero me gusta ser analítico y reflexivo, como mi padre, al que le encantaba Joan Manuel Serrat. Mi abuelo, el papá de mi mamá, cantaba flamenco, aunque era pescador. Algo habré heredado, espero. Aunque no soy muy fan del pescado. Y tampoco canto flamenco. Pero canto. No sé si les he traicionado, o estoy siguiendo con la tradición.

A lo mejor son las dos cosas.

EPISODIO IV
CUESTIONAMIENTOS

Después de cuestionar nuestras tradiciones, de preguntarnos honestamente acerca de ellas, y de "re-conocer" nuestra "Traditio", para seguir avanzando, recordando nuestra herencia, para tener "co-herencia", debemos, desde el prisma bíblico, desde esa narrativa de la que formamos parte, cuestionarnos todo lo demás. Es decir, interpelar a la sociedad que nos rodea para "buscar" juntos la respuesta.

Porque la cultura anda buscando, persiguiendo algo, a través de sus relaciones personales, a través de la política, la justicia social, la filosofía y el arte, las estructuras de poder... Y Jesús tiene algo que decir al respecto, algo que preguntar. Él no vino a cuestionar un sistema religioso solamente, no. Él vino a poner en cuestión todo lo que importa, la vida en su conjunto, y a ofrecer una alternativa viable a un mundo que, por mucho que se esfuerce, no puede sostenerse a sí mismo.

¿?

Cuestión: Préstamo del latín, siglo XIII, quaestio, quaestionis: 'búsqueda', 'interrogatorio', 'problema', derivado de quaerere 'buscar'.

"Jesús le dijo:

— ¿Por qué lloras? ¿A quién buscas?

Ella creyó que era el que cuidaba el huerto, y le dijo:

—Señor, si usted se lo ha llevado, dígame dónde lo ha puesto, y yo iré por él".

Juan 20:15

El símbolo que da inicio y fin a nuestras preguntas "¿?" es en realidad una "q" y una "o" minimalistas, tanto así que la "o" es un punto. Es el principio y el fin de la palabra "quaestio". Me encantan estos detalles del lenguaje, hay mucha verdad por descubrir escarbando tras las raíces de la etimología y el significado de las palabras y los símbolos. Porque cuestionar es búsqueda, es abordar un problema, es seguir teniendo una inquietud.

Jesús es el camino, debemos estar siempre en la búsqueda, en movimiento, porque no saberlo todo es un regalo, no una maldición, y como creyentes debemos seguir cuestionando nuestra realidad, en el nombre de Jesús, como lo hizo Jesús, para restaurarla. Cuestionar no es una actitud de incredulidad, sino una mirada más profunda a la realidad. Los que buscan, hallan. Es una promesa extraordinaria. Los cristianos, si somos fieles a nuestra tradición, la de Jesús, debemos ser la pregunta, desde el amor, que cuestione los dogmas de la sociedad. Porque nos cuestionamos a nosotros, para luego cuestionar a otros, es decir, bendecirlos.

Jesús le preguntó a María, la mujer que le estaba buscando: *"¿Por qué lloras? ¿A quién buscas?"*. Ella no sabía que iba a ser la primera testigo de la resurrección de Jesús. No lo reconoció, pensaba que era un jardinero, ¡qué confusión!, ella lo estaba buscando, y lo tenía delante. Cuando finalmente lo reconoce, no quiere soltarlo, pero Jesús la envía para que fuera a darles la noticia, la buena noticia (evangelio) a los discípulos: "¡He visto al Señor! Olvídense de todo lo que creían saber sobre la muerte, y sobre la vida...".

Porque eso iba a trastocar lo que significaba vivir; al principio no le creerán, es demasiado revolucionario. Porque Jesús cuestionó a la muerte, la verdad más segura que tenía el ser humano, (tanto es así que en Grecia les gustaba llamarse, los mortales, los que mueren, ¡qué antropología más terrible!). Le arrebató el poder a la muerte, la superó, y desde entonces, si hasta la muerte ha sido cuestionada por el poder de Dios, ¿qué no será puesto en duda por el mismo Jesús de Nazaret que resucitó de entre los muertos?

¿QUIÉN ES MI PRÓJIMO?

Todo el mundo, sea de la religión que sea, crea lo que crea, conoce la parábola del buen samaritano. Es siempre actual y provocativa. Se encuentra en Lucas (nuestro querido sirio incircunciso).

"Un maestro de la ley fue ante Jesús y lo quiso poner a prueba haciéndole esta pregunta:
—Maestro, ¿qué tengo que hacer para tener la vida eterna?

Jesús le respondió:
— ¿Qué está escrito en la ley? ¿Entiendes tú lo que quiere decir?

El maestro de la ley respondió:
— 'Ama al Señor tu Dios con todo tu corazón, con toda tu alma, con todas tus fuerzas y con toda tu mente', y 'Ama a tu prójimo como a ti mismo'.

Jesús le dijo:
—Contestaste muy bien. Haz eso y vivirás.

Pero él, queriendo justificarse, le volvió a preguntar:
— ¿Y quién es mi prójimo?".

Lucas 10:25-29

Los dos mandamientos más importantes aparecen en este texto, de boca del que pregunta. Jesús, en su estilo característico, le ha contestado con otra pregunta. El maestro de la ley contesta bien. Pero quería justificar su estilo de vida, que hacía acepción de personas. Y hace la pregunta detonante de una de las parábolas más reconocidas de Jesús, probablemente la de mayor influencia cultural, junto con la del hijo pródigo, aunque mal interpretada.

La pregunta es ¿quién es mi prójimo? ¿A quién le debo amor? ¿Quién merece ser mi próximo, el que tengo cerca? ¿Hay prójimos más prójimos que otros?

Y Jesús cuenta la parábola del buen samaritano. Un pequeño *Stop* aquí.

Porque "el buen samaritano", nos suena tan dulce hoy que pierde la fuerza de la historia tal como la escucharon los primeros oyentes. Los samaritanos no eran gente de fiar

JESÚS CUESTIONÓ A LA MUERTE, LA VERDAD MÁS SEGURA QUE TENÍA EL SER HUMANO.

para un judío. Eran considerados casi como terroristas que odiaban el templo de Jerusalén. Se negaban la palabra, no se hablaban entre sí, según Juan 4. Un buen samaritano era un oxímoron para los judíos. No se podía ser bueno y samaritano simultáneamente.

Para recuperar algo de la fuerza de ese texto deberíamos llamarlo algo así como: la parábola del buen palestino. ¡Imagina las reacciones de los judíos!

El hombre al que asaltan unos bandoleros no es socorrido ni por un sacerdote ni por un levita, que representan la más alta moral del pueblo judío. No, ellos no consideran prójimo al asaltado, tienen cosas más importantes que hacer o no quieren correr el peligro de atenderlo, podría ser una trampa.

Pero el palestino, perdón, el samaritano, es movido a misericordia (el mismo verbo que cuando el padre de Lucas 15 ve al hijo pródigo volver, "movido a misericordia") y lo atiende mucho más allá de lo que exige la ley.

Entonces Jesús, en su estilo, le pregunta al maestro:

> *"¿Cuál de los tres piensas que se comportó como el prójimo del que cayó en manos de los ladrones?*
>
> *El maestro de la ley contestó:*
> *—El que se compadeció de él.*
>
> *Entonces Jesús le dijo:*
> *—Anda pues y haz tú lo mismo".*

Lucas 10:36-37

Fíjate en el "aikido" que Jesús le hace. El maestro de la ley, quiere saber "quién es su prójimo" para saber a quién debe amar, a quién ayudar, cómo distinguir donde está el límite del deber del amor. Es razonable.

Pero Jesús cuestiona su pregunta. La pregunta inicial no es una pregunta correcta. El texto nos dice que la pregunta se hizo para justificarse, para defenderse, no para estar abierto al aprendizaje. Compara la pregunta del maestro de la ley, con la pregunta/respuesta de Jesús:

Maestro de la ley: *"¿Quién es mi prójimo?"*.

Jesús: *"¿Cuál de los tres piensas que se comportó como el prójimo del que cayó en manos de los ladrones?"*.

Le da la vuelta. No es ¿quién es mi prójimo? sino, ¿de quién soy yo prójimo? Es decir, ¿a quién me aproximo?, ¿a quién dignifico como mi prójimo?

El propio maestro de la ley se contesta a sí mismo: *"El que se compadeció..."*. Ese se comporta como un prójimo. El que tiene compasión. Al que se le revuelven las entrañas (en el original), y no puede quedarse impasible ante la necesidad. Ese es el prójimo.

Debemos comportarnos como prójimos de los demás, solo así seremos prójimos. La pregunta "¿quién es mi prójimo?" está mal formulada. Martin Buber nos vuelve a salir al encuentro, ver un *Tú* en la otra persona nos humaniza, no solamente le pone rostro al que ayudamos, sino a nosotros mismos. Nos hace compasivos, como nuestro padre que está en los cielos es compasivo. Nos hace como Jesús, nos hace humanos, prójimos.

Esto cuestiona nuestra idea de las relaciones personales. Todos tenemos afinidades naturales, si nos preguntaran quién es nuestro prójimo, tendríamos una lista más o menos larga de personas con nombres y apellidos que nos congratulan, con las que sentimos afinidad, o están cerca de nosotros, por cuestiones familiares, temas en común, trabajo, etc. Y les damos prioridad a ellos, son nuestro prójimo, y es a ellos, a los que debemos amar, ¿no? Los demás no tienen rostro. Simplemente no debemos hacerles daño, pero tener compasión activa por ellos es harina de otro costal. No les debemos nada. Pero Jesús remueve nuestras conciencias y nos dice que dejemos de excusarnos, y hagamos lo mismo que aquel palestino, perdón, samaritano.

Para los fariseos y los maestros de la ley la máxima, la regla de oro era pasiva. El famoso rabino Hillel afirmó lo siguiente:

"Lo que es odioso para ti, no lo hagas a tus semejantes. Esa es toda la Torá, el resto es comentario...".

Es decir, no hagas a los demás lo que no quieras que te hagan a ti. Sé tolerante. No hagas daño a nadie.

Pero Jesús pondrá en cuestión esa máxima, los quilates de ese oro, y le dará la vuelta:

"Haz a otros todo lo que quieras que te hagan a ti. En esto se resumen las enseñanzas de la ley y de los profetas".

Mateo 7:12

Es decir, ama indiscriminadamente, supera la tolerancia pasiva, y ama, dignifica a todo lo que te encuentres, añádele valor, ponle rostro, sé compasivo, como tu Padre que está en los cielos es compasivo contigo.

Jesús fue nuestro prójimo, y eso nos da valor como seres humanos.

Ve, y haz tú lo mismo.

CUESTIONA LA FILOSOFIA

"Solo sé que no sé nada".

Sócrates

Hablar de filosofía puede ser embarazoso hoy en día. Parece un tema para nerds y sin importancia o conexión con la realidad. Y si te rodeas de filósofos, o supuestos sabios que te quieren imponer sus ideas, te sientes bobo. En cualquier caso, es embarazoso. ¡Pero es que así es la filosofía, embarazosa!

La filosofía se encarga de las grandes preguntas, y por muchos años, por muchos siglos, fue hija predilecta de la teología, hasta que se independizó, cuando se hizo mayor, con la época de la ilustración.

Filosofía, amor por la sabiduría; en su esencia está el cuestionamiento, hacerse preguntas desde la reflexión, no conformándose con lo aprendido, con los dogmas.

Sócrates es el icono filosófico para muchos. No escribió nada, pero su alumno aventajado, de apodo Platón "el espaldas anchas", escribió muchos de sus diálogos.

En ellos vemos cómo pone en duda muchos de los presupuestos de los otros filósofos, entre ellos los "sofistas" (de donde viene nuestra palabra "sofisticado"), relativistas agrios que se jactaban de poder demostrar una cosa y la contraria, dependiendo del que pagara más; muy actuales estos sofistas.

Su célebre frase: "Solo sé que no sé nada", se acuñó como el fundamento para el aprendizaje sincero, una actitud abierta frente al conocimiento nuevo.

La madre de Sócrates era partera, de dónde aprendió la metáfora de la "Mayéutica", dar a luz el conocimiento. Así que se tomaba su trabajo como un parto.

Sócrates no daba respuestas directas sino que hacía preguntas para que el interlocutor interpelado descubriese las verdades por sí mismo.

La filosofía no comienza enseñando "qué" pensar, sino "a" pensar. Sócrates, a través de su metodología, la ironía socrática, enseñaba con preguntas que activaban a sus oyentes a manera de discurrir para llegar a conclusiones veraces, mientras ponía en duda sus presupuestos.

Desde entonces, este arte ha ido por muchos derroteros y ha llegado a múltiples destinos, pero no está en contra del cristianismo, ni de Cristo, "per se". Es decir, la filosofía no es una herramienta maligna de ningún enemigo oculto para derrocar la fe. Al contrario, la filosofía se alimenta de la fe. ¡Y viceversa!

En los primeros siglos el cristianismo dialogaba con las distintas escuelas filosóficas, y a veces llegaban a puertos comunes, y en otras ocasiones, se refutaban. En cualquier caso, es un terreno que no debemos dejar de lado, debemos cuestionarlo, gene-

LA FILOSOFÍA NO ES UNA HERRAMIENTA MALIGNA DE NINGÚN ENEMIGO OCULTO PARA DERROCAR LA FE.

ración tras generación. ¿Por qué? Porque la filosofía que se desarrolla en el campo teórico es la fuente de todas las ideologías que tarde o temprano terminan aterrizando en nuestra realidad. Y quizá, cuando llegan es demasiado tarde para reaccionar.

Hoy en día, la filosofía tiene múltiples vertientes, escuelas, reinterpretaciones de los clásicos (de hecho existe una nueva hermenéutica para reinterpretar a Platón desde el postmodernismo, y sé que este paréntesis no es para todos, pero hace un par de años en la facultad de filosofía tuve un examen al respecto y esta idea me pareció una locura, aunque aprobé ;) ... sin estar de acuerdo), ideologías, tendencias filosóficas que afectan de manera directa a las corrientes que actualmente están en boga: el relativismo moral, la falta de metanarrativas, la redefinición de lo que significa ser humano en sus dos expresiones: como hombre y como mujer, y un muy largo etc.

Cuestionar la filosofía es fundamental, porque está en la raíz de todo o casi todo lo que nos encontramos en la cultura, el arte, las ciencias, las ideologías políticas, los movimientos sociales, el entretenimiento, el deporte, Netflix, las religiones...

Por eso debemos ahondar como con una excavadora lo que subyace a todas esas estructuras que se construyen sobre ella.

Para ello, hace falta un nivel de análisis profundo, pero no imposible. Debemos dar unos pasos atrás y ver con más perspectiva las realidades que empapan la actualidad. Para ello, no sirven respuestas simplonas. Debemos volver a la frase de Sócrates, y a acercarnos desde el amor a la Sabiduría, a Jesús, para amar a aquellos a los que la Sabiduría ama, las personas. Por eso, cuestionemos la filosofía, para amar mejor.

Aunque resulte embarazoso.

"Es cierto que todos tenemos conocimiento. Sin embargo, el saberlo todo hace que nos sintamos orgullosos. Lo que se necesita es el amor que edifica. El que cree que sabe algo, todavía no sabe nada como debería saber. Pero Dios sabe quién lo ama de veras".

1 Corintios 8:1b-3

CUESTIONA EL SANO JUICIO: DOSTOIEVSKI Y NUREMBERG

"Si Dios no existe, todo está permitido".

Iván Karamazov, en *"Los Hermanos Karamazov"*, Fiódor Dostoievski

Cuando terminó la Segunda Guerra Mundial, los rusos estaban felices de haber participado en el bando vencedor junto a Estados Unidos e Inglaterra para derrocar el nazismo. Formaron parte del aparato judicial para juzgar a los altos mandos alemanes: políticos, médicos, jueces, abogados, militares... que habían ayudado a construir y llevar a cabo las intenciones de estado del Tercer Reich.

Fue un juicio sin precedentes que supuso todo un desafío para el derecho internacional. Y ahí estaban los rusos, en el lado vencedor.

La historia de Rusia había pasado por sus propias luchas, desde la Rusia Zarista a la revolución bolchevique de 1917. En el siglo anterior, el imperio ruso era una de las potencias mundiales y fue el hogar de muchos pensadores muy significativos. Entre ellos Fiódor Dostoievski.

Al final de sus días, cuatro meses antes de morir, escribió su obra cumbre, *Los Hermanos Karamazov,* que es considerada por muchos la obra literaria más importante del siglo XIX. Nos cuenta la historia de una familia rusa cuyos hermanos son muy diferentes entre sí. Su padre es asesinado, y algunos sospechan que es un parricidio. Las implicaciones filosóficas, religiosas y sociales del texto son inabarcables. Iván es el hermano ateo que hace la afirmación: "Si Dios no existe, todo está permitido".

Y esta frase tiene dos lecturas. Elige:

La primera: que sin Dios, hay libertad. No estamos atados a las cadenas de esos absurdos mandamientos y moralismos que nos tienen totalmente cohibidos y podemos crecer a una autonomía moral para construir nuestro propio destino. Suena precioso y sincero. Y parece el discurso actual de cualquiera que funda su moral en el humanismo ajeno a Dios.

Pero la segunda lectura podría ser más cierta, y es, a mi juicio, ya que hablamos de juicios, la que Dostoievsky quería transmitir. Y es que sin Dios, todo está permitido, lo bueno y lo malo. No hay vara de medir para nada ni para nadie.

El bien y el mal se relativizan, y ya no dependen de una fuente objetiva, sino de otras fuentes: la autoridad que manda en ese momento en un momento dado del espacio y del tiempo; el que ostenta el poder, lo que diga la mayoría, o las leyes de un país que ya no maneja el sentido de justicia objetiva, porque "lo justo", es solo un constructo que montamos de manera arbitraria y que puede cambiar dependiendo de múltiples factores.

En definitiva, sin Dios, no hay base para los valores morales objetivos. Así lo afirma William Lane Craig, uno de los filósofos de la ciencia más reconocidos mundialmente en la actualidad. Vivimos como si los derechos humanos, la dignidad humana, la moral, la ética, fueran ideas dadas por hecho, evidentes por sí mismas; que la justicia es algo común a todos, y que podemos llegar, con la razón, a conclusiones iguales o muy parecidas en cuanto a estos temas fundamentales. Pero nada más lejos de la realidad.

Y ahora, volvamos a Núremberg, aquellos juicios de 1945 y 1946. La Segunda Guerra Mundial había terminado. Y muchos altos mandos de los nazis iban a ser juzgados. Habían cometido crímenes horribles, pero ¿según quién? Hoy en día, la perspectiva histórica nos da una falsa sensación de superioridad que no tenemos.

Porque todo lo que los altos mandos nazis realizaron fue legal, ellos actuaban conforme a las leyes alemanas, promulgada por un gobierno lícito, electo por mayoría en las urnas de manera democrática. Aunque ahora nos parezca atroz todo lo que realizaron: eutanasia a cientos de miles de personas, los campos de concentración, la esterilización de miles de personas... Pero ¿con qué derecho venían los americanos, o los rusos, a juzgarnos? ¿Con cuál legitimidad? ¿Cuál era la ley en base a la cual se realizaban los juicios? ¿Con la rusa? ¿En Alemania? ¿En qué sentido las leyes rusas eran mejores que las alemanas? En Rusia en aquel momento había una dictadura comunista, y la gente que llegó al poder lo hizo por la fuerza de la revolución y causaron millones y millones de muertos durante el siglo XX. ¿Ellos eran los que iban a juzgar? ¡Había jueces alemanes que estaban siendo juzgados!

En fin. Como puedes ver, la confusión es descomunal. A menos que haya una ley, una justicia que trascienda la de todos los países, y que sea independiente de la época o de cuánta gente crea en ella, todo es opinión, al fin y al cabo.

Por mucho que se nos revuelvan las entrañas.

Porque necesitamos una ley que sea justa a pesar de que un pueblo entero vote en contra de ella; una Verdad que sea universal, una Justicia, que nace de un Juez que no cambia.

Pero, si Dios no existe, todo está permitido. Y no hay manera de demostrar objetivamente que lo que hicieron los nazis está "mal". Pero hay un Dios. Y eso lo cambia todo.

Me pregunto si nuestra sociedad, tan creída de sí misma no será juzgada en el futuro. Hoy en día aniquilamos a cientos de niños en el vientre de sus madres antes de que puedan nacer, y lo hacemos de forma legal, con leyes votadas democráticamente en parlamentos elegidos democráticamente. Pero, ¿es justo?

Hoy en día mueren millones de personas por un sistema injusto de compraventa y capitalismo exacerbado que perjudica a los países con menos recursos. Todo legal, pero ¿es justo?

Estas "cuestiones" son importantes, porque a pesar de ser profundamente filosóficas afectaron de manera fatal a la historia de la humanidad. Son, por tanto, cuestiones fundamentales, es decir, ponen el fundamento de la existencia real, y aunque no entendamos del todo de dónde nacen, ni nos importe su propuesta, o nos parezca demasiado teórica, sí podemos ver sus consecuencias. No podemos darnos el lujo de ignorar estas cuestiones.

Si tenemos sano juicio.

Al final de su vida, Fiódor escribió en su agenda que quería escribir un libro sobre la vida de Jesucristo. Pero no pudo realizarlo. Me hubiera encantado descubrir lo que este maravilloso autor tenía en su corazón acerca de Aquel que puede darnos el verdadero sentido de la justicia y la paz.

"La misericordia y la verdad se encontraron. La justicia y la paz se besaron. La verdad brota de la tierra y la rectitud sonríe desde el cielo". Salmos 85:10-11

CUESTIONA LA SOCIEDAD

"Yo, soy rebelde porque el mundo me ha hecho así,
porque nadie me ha tratado con amor,
porque nadie me ha querido nunca oír...".

Jeanette, Soy rebelde

"Yo soy yo y mis circunstancias".

José Ortega y Gasset

El entorno en el que vivimos no nos define, pero nos modula. Pero no sabe el pez que está mojado. Muchas ideologías actuales nos enseñan que solo somos el fruto de nuestro contexto, nuestra educación, la época en la que nos ha tocado vivir, nuestra familia, clase social, sexo, edad, y que no tenemos margen de maniobra: estamos totalmente condicionados. A partir de aquí solo somos un peón en manos de la "sociedad", que en este prisma de la vida es una especie de ente misterioso formado por ideas que no dependen de seres humanos reales. Y eso nos quita libertad, y también responsabilidad.

Por otro lado, algunos predican una independencia total del Yo. "Nada me afecta", "no estoy condicionado por mi cultura", "mi acercamiento a la realidad es aséptico, objetivo siempre". Este orgullo que nos coloca por encima es solo una ilusión, creada justamente por la cultura a la que pertenecemos, donde el individualismo es una característica común (¡!) a la mayoría de los que somos hijos de este tiempo. Y además es una trampa: bajo la ilusión de independencia, nos manejan a su antojo a través de diferentes canales: el arte, las ideologías, el marketing, las redes sociales, los algoritmos de Google y muchas más cosas que aún desconozco.

NECESITAMOS UNA LEY QUE SEA JUSTA A PESAR DE QUE UN PUEBLO ENTERO VOTE EN CONTRA DE ELLA.

Así que como dice el refrán: "Ni tanto ni tan calvo".

Pues quizá es una mezcla de las dos. Una paradoja. Somos libres, pero también somos el fruto de nuestro contexto. El ser humano es gregario, y su identidad depende de su comunidad, de su sentido de pertenencia, de la tribu a la que va ligado su destino. Porque somos seres individuales pero sociales, vivimos en sociedad.

Jesús, era hijo de su tiempo, pero también era Hijo de Dios. Fue un judío y se comportó como tal, como uno más, hablaba y vivía como todos los demás. Pero puso en cuestión la sociedad en la que creció, cuando no se alineaba con el Reino de Dios. Defendió a los últimos, cuestionó la teología que rechazaba a los parias, defendió a las mujeres en una sociedad machista, dio valor a los enfermos, a los niños y a los extranjeros, redefinió lo que era la verdadera espiritualidad, y llevó hasta las últimas consecuencias su sed de justicia.

Sigamos su ejemplo.

Somos llamados a formar parte de la sociedad, a dejarnos influir por ella y acomodarnos a sus códigos, pero también como seres libres y responsables somos llamados a cuestionarla, y a hacerla avanzar para convertirla cada día en una expresión más justa, más pacífica y más alegre (Romanos 14:17), en definitiva, más acorde al Reino de Dios. ¡Venga tu Reino! Rogamos en la oración central de nuestra fe cristiana.

Para ello, debemos aprender a no tener pensamiento tribal, donde decimos sí a todos los valores que hemos aprendido de nuestra sociedad sin ponerlos en tela de juicio, a tener una perspectiva multicultural y compararla desde nuestra cosmovisión cristiana, basada en la Palabra de Dios, para cuestionar si lo que ocurre es Justo, con mayúsculas.

Martin Luther King, Premio Nobel de la Paz en 1964 lo tenía claro. Fue hijo de su tiempo, pero también puso en entredicho el statu quo norteamericano, y movilizó a toda una nación a favor de los derechos civiles de todos. Los prejuicios raciales eran argumentados incluso con la Biblia en la mano, no porque la cosmovisión bíblica los defendiera sino porque en esa sociedad en ese momento histórico la lectura de la Escritura estaba sesgada por la realidad cultural de la segregación racial, el racismo estructural que se manifestaba en autobuses, baños, colegios, iglesias y demás. "Yo soy yo y mis circunstancias...".

Aun así, este pastor afroamericano supo ver lo que otros no pudieron y gracias a su trabajo y sacrificio, literalmente, consiguió cambiar un país entero. Dejemos la postura acomodada de echarle la culpa a la sociedad, empoderémonos conociendo nuestros límites, pero no nos conformemos a lo establecido.

Dejemos de cantar canciones bucólicas y asumamos el llamado de Jesús a cuestionar la sociedad.

CUESTIONA TU IDENTIDAD

"Cogito ergo sum".

René Descartes

"Soy un malvado porque no soy feliz".

Frankenstein

Tenía conciencia, pero estaba hecho de pedazos de otros humanos. El monstruo del doctor Frankenstein, que ni siquiera tiene nombre en la novela, vive desdichado (olvida el de las películas, la novela original es mucho más interesante, y es la madre de todos los monstruos que se han inventado después y forman parte de nuestra imaginación colectiva), y quiere saber quién es, cuál es su propósito, por qué su creador lo odia, por qué no puede ser feliz, tener una pareja como él, un *tú*... Es una novela que habla más de nosotros que de los monstruos.

¿Quién soy yo? Porque somos esa parte del universo que sabe que existe, que se pregunta acerca de la existencia, un maravilloso don, que por lo tanto es "alguien". Tenemos conciencia, sabemos que somos.

René Descartes, el padre de la filosofía moderna, llegó a una conclusión extraordinaria: "Pienso, luego existo, puedo dudar de todo, pero no de que dudo. Es decir, que pienso". A partir de ahí desarrolló toda su filosofía. Soy un ser que piensa frente a una realidad llena de dudas, de cuestiones, no de certezas. Es probablemente la aportación más increíble de la filosofía occidental europea al mundo.

René toma el guante de Sócrates para intentar llegar a algunas certezas en pleno siglo XVII.

Lo que muchos no saben es que Descartes consideraba las nociones de "mente, Dios y materia" como ideas innatas que no pueden discernirse a partir de nuestra experiencia sensorial en el mundo, pero que son el fundamento del conocimiento cierto en busca de la Verdad.

Dios se cuela como parte fundamental del "discurso del método" de Descartes, no hay cómo escapar.

Afirmar esto del padre de la filosofía moderna creo que no gustaría a muchos que desean sacar de la ecuación a Dios para adquirir conocimiento y saber que existimos.

EPISODIO IV – Cuestionamientos

¿Qué es la vida? ¿Qué es el ser humano? ¿Puede un ser humano ser humano sin tener la noción de "mente, Dios y materia"?

Si no, la otra alternativa acerca de lo que somos es la propuesta por Daniel Dennett, uno de los filósofos naturalistas más reputados de la actualidad: "La conciencia es solo una ilusión creada por nuestro cerebro, y por las bombas de sodio-potasio y nuestras neuronas".

Es decir: yo, en realidad no existo, solo soy materia. Sin "Dios", tampoco hay "mente". Solo un montón de átomos destinado a la desintegración tarde o temprano, pero ¿qué más da?

Friedrich Nietzsche a finales del siglo XIX planteó la muerte de Dios, para así emancipar al hombre, para que alcanzara su objetivo: el super-hombre, un hombre más allá del bien y el mal. Pero al "matar a Dios", Nietzsche no lo vio, pero eliminó también al hombre...

Y el siglo XX muestra cómo la vida humana se puso en tela de juicio; dejamos de ser "sagrados", dejamos de lado la "imago Dei", la doctrina de que somos a imagen de Dios y tenemos valor como humanos. Y entonces, como dijo Dostoievski, todo está permitido. Y el pasado siglo lo demostró con las mayores atrocidades de la historia.

Con solo 18 años, Mary Shelley a principios del siglo XIX, escribió *Frankenstein o el Moderno Prometeo*, ese fue el título original.

Prometeo, en la mitología griega, era el Titán amigo de los mortales, que robó el fuego a los dioses y se lo dio a los hombres. Por ello Zeus lo castigó. En otras versiones del mito se dice que formó a los hombres de la arcilla. ¿Podemos crear nuestro propio destino?

La autora hace una reflexión a través de esta metáfora acerca de una de las cuestiones más profundas de la vida: ¿quién soy yo?, unida a las otras dos preguntas fundamentales de la existencia: ¿de dónde vengo? y ¿para dónde voy?

Y esta pregunta sigue estando en el barro de la discusión.

Hoy en día, ni Nietzsche, ni Descartes, ni Dennett están convenciendo a la humanidad. Y con los desafíos que en el futuro nos espera con la IA (inteligencia artificial), la definición de nuestra vida e identidad será más compleja aún, si cabe. No estoy dándote una respuesta, solo una cuestión. De eso va este capítulo.

Pero en cualquier caso el ser humano sigue esclavo de sí mismo. Hemos sustituido el "cogito ergo sum", por el "tengo Instagram ergo sum". Es decir, las apariencias, lo que comunico, es más importante que lo que soy. Cuando "¿quién soy yo?" es una pregunta sin sentido, solo me queda el absurdo del aparentar, del parecer, en definitiva, de la hipocresía, un baile de máscaras donde nadie es.

Son muchas cuestiones, la Escritura quizá nos puede dar algunas claves:

> *"No logro comprender por qué te ocupas de nosotros, simples mortales. Nos hiciste apenas un poco inferior a un dios, y nos coronaste de gloria y de honra".*

SI HACEMOS BUENAS PREGUNTAS PODRÍAMOS CONOCER LA VERDAD, Y SER LIBRES.

Salmos 8:4-5

En otras versiones aparece en forma de pregunta: ¿qué es el hombre?

Es una paradoja, un ser anfibio, como dice C.S. Lewis, espiritual y material o animal, "mente y materia", poco menor que los ángeles, pero dignificado. Un ser contradictorio de principio a fin, y que debe encontrar su sentido en Dios. No somos un montón de átomos monstruosos.

Jesús nos enseñó que solo podíamos encontrar sentido a nuestra vida si la recibíamos de Dios mismo. Que seríamos felices, es decir, bienaventurados, dichosos, si reconocíamos nuestra necesidad de Él para nuestra identidad. No somos tan ricos espirituales, tan superhombres:

> *"¡Dichosos los que reconocen su pobreza espiritual, porque de ellos es el reino de los cielos!".*

Mateo 5:3

Muchos filósofos y escritores han cuestionado su propia identidad, intentando buscar la felicidad, la realización, saber quiénes son. Aquí solo he reflejado algunos.

Quizá encontrando esa felicidad, podríamos dejar de ser malvados, ser Frankensteins, si no, nuestra vida puede carecer de sentido, y seguiríamos siendo esclavos sin necesidad, "des-dichados".

Si Dios es quien dice ser, está en todas partes, podemos conocerlo, puede ser el contexto para nuestra existencia, puede ser nuestra felicidad, nuestra libertad.

Rousseau dijo que el hombre nace libre, pero hay cadenas en todas partes. Quizá sea al revés: el hombre nace esclavo, pero hay libertad por todas partes. Si hacemos buenas preguntas podríamos conocer la Verdad, y ser libres.

Entre otras cosas, de las ansias de poder...

CUESTIONA EL PODER

"Tu odio te volvió poderoso, ahora cumple con tu destino... y ocupa el lugar de tu padre a mí lado".

> *Emperador Palpatine. Star Wars, El Retorno del Jedi.*

"Venceréis, pero no convenceréis".

> *Miguel de Unamuno, Rector en la Universidad de Salamanca. 1936, al comienzo de la Guerra Civil Española.*

¿Cómo cambiar el mundo? ¿Mi mundo? El poder es la clave, si tenemos más poder, tendremos más influencia, seremos más relevantes...

Estas frases suenan bien, pero me recuerdan demasiado a la tentación que Satanás le ofreció a Jesús en el desierto. Pero gracias a Dios, Luke Skywalker resistió.

El cristianismo es, por definición, un movimiento de los márgenes, contestatario, contracultural desde la cima del Sermón del Monte, cuyo referente, Jesús de Nazaret, cuestionaba el poder político y religioso de la época. Y en parte por eso lo mataron, pero es nuestro fundador y forma parte intrínseca de nuestra "Traditio", ¿recuerdas? Además, cada vez que nuestro movimiento se ha casado con el poder, las consecuencias han sido catastróficas (del griego: katastrophe: ruina, destrucción; literalmente: voltear hacia abajo). Desde Constantino en el siglo IV, hasta el nacional-catolicismo durante la dictadura en España en el siglo XX.

Pero no solo a nivel comunitario, también a nivel personal.

Deseamos una posición más alta, o un título para servir mejor. Entiéndeme, no quiero decir que esos lugares sean malos por sí mismos, pero anhelarlos puede ser una trampa, y finalmente, esa posición no te da la verdadera autoridad para ser verdadera influencia, sal y luz. Hace falta algo más.

Los romanos planteaban la paz desde la victoria, desde el poder, la imposición, la famosa "Pax romana". Pero Jesús la cuestionó, y decidió darnos el ejemplo de una paz desde la entrega, el sacrificio, la empatía, venciendo con el Bien, el Mal. Nos llamó a ser mansos, pacificadores... Al servicio de aquellos de los que podríamos aprovecharnos.

En palabras latinas, que usaban los romanos en sus estructuras jurídicas: no usar la "potestas", el poder violento (no solamente físico, sino verbal, emocional, intelectual, espiritual), la coacción y la fuerza sino la "auctoritas", la verdadera autoridad moral, que las personas te conceden por tu actitud, tu servicio, tu conocimiento mediado por el amor hacia los demás.

> *"La gente quedó maravillada de su enseñanza, porque Jesús hablaba con autoridad, y no como los maestros de la ley".*

> *Marcos 1:22*

Lo que hacía la diferencia en Jesús no era el "poder", la imposición, sino su corazón de servicio. Y desde él, cuestionaba el poder. Desde la debilidad. ¿O no fue eso lo que hizo en la cruz?

Muchos son herederos de aquellos cuestionamientos de Jesús, algunos de ellos, Premios Nobel de la Paz, como Martin Luther King:

A Teresa de Calcuta, le dieron el Premio Nobel de la Paz en 1979, su trabajo arduo en aquellas calles de la "ciudad de la alegría", acompañando a los moribundos desahuciados y sin esperanza le dio más "auctoritas" que la de muchos presidentes de naciones.

En 1984 le dieron este reconocimiento a Desmond Tutu, por su trabajo en la reconciliación en Sudáfrica después del apartheid, y su esfuerzo por alcanzar el perdón mutuo y la reconciliación de todo un país que podría haber sucumbido a una guerra civil por el odio.

Y termino con el de este año, 2019, escribiendo *Jesús es la Pregunta;* le han concedido el premio a Abiy Ahmed Ali, primer ministro de Etiopía. Ferviente seguidor de Jesús, que con solo un año de gobierno consiguió poner fin a una guerra de veinte años entre su país y Eritrea, y ha logrado la paz y la cooperación internacional.

La diferencia no fue el lugar que ocupaban, sino el corazón con el que actuaban, no era la "potestas", sino la "auctoritas".

Nuestro llamado a cuestionar incluye cuestionar el poder. Contrariamente a lo que nos han enseñado, no solamente podemos cuestionar el poder, sino que debemos hacerlo, es parte del legado recibido de Jesús. Pero para hacerlo no debemos usar la misma moneda. El fin nunca justifica los medios. Jesús nos enseñó un nuevo modelo de liderazgo y poder, con verdadera autoridad, un modelo que aún hoy es paradójico, al estilo de Nuestro Señor.

El texto donde se "voltea hacia abajo" el poder de manera magistral lo encontramos en este precioso texto de Marcos, donde la verdadera catástrofe sería no seguir su sabiduría. No creo que nadie lo pueda explicar mejor:

"Por eso, Jesús los llamó y les dijo:
—Como saben, los que se consideran jefes de las naciones oprimen a su gente, y los grandes abusan de su autoridad. Pero entre ustedes debe ser diferente. El que quiera ser superior debe servir a los demás. Y el que quiera estar por encima de los otros debe ser esclavo de los demás. Así debe ser, porque el Hijo del hombre no vino para que le sirvan, sino para servir a los demás y entregar su vida en rescate por muchos".

Marcos 10:42-45

FE DE CRISIS

Este subapartado se iba a titular: "Cuestiónate a ti mismo", pero me decidí finalmente por este por razones que ahora expondré. Dicen que no hay ateos cuando el avión comienza a caer, o cuando están en medio de una tormenta en medio del océano. De alguna manera, las crisis activan la fe, la que sea, la que haya, mucha o poca.

Solemos hablar demasiado de crisis de fe. En los meses en los que he estado escribiendo, algunos nombres conocidos del mundo evangélico han apostatado del cristianismo, artistas y teólogos, escritores de libros que habían inspirado a muchos, entre ellos a mí. Me llamó la atención un compositor de canciones muy conocido de un grupo de música cuyas canciones cantamos en todas nuestras congregaciones, "de cuyo nombre no quiero acordarme", que dio sus razones en Instagram de por qué abandonaba la fe. Traduzco y cito textualmente:

"¿Cuántos predicadores caen? Muchos. Nadie habla de eso. ¿Cuántos milagros suceden? No muchos. Nadie habla de eso. ¿Por qué la Biblia está llena de contradicciones? Nadie habla de eso. ¿Cómo puede Dios ser amor y aún enviar cuatro mil millones de personas a un lugar, porque no creen? Nadie habla de eso".

Desde lo profundo lamento esta decisión, me entristece, pero también es útil para que aprendamos. Y solo lo menciono como ejemplo, esperando que esto pueda ser solo un bache en el proceso del seguimiento de Jesús de esta persona tan talentosa.

NO SOLAMENTE PODEMOS CUESTIONAR EL PODER, SINO QUE DEBEMOS HACERLO, ES PARTE DEL LEGADO RECIBIDO DE JESÚS.

Fíjate en las razones:

La falla moral de otras personas, que suceden pocos milagros, las aparentes contradicciones bíblicas, y dudas acerca de la justicia de Dios, el infierno y lo que significa.

Bien. Cada uno de estos argumentos podría ser digno de un capítulo de un libro más extenso que este, pero me negaré a la tentación. Solo como ejemplo: "Suceden pocos milagros". ¿Qué clase de argumento es ese? ¿Cuántos son pocos? Para que el cristianismo se mantenga en pie solo hace falta uno: la resurrección de Jesús. ¡"Pocos milagros" demostrarían que el cristianismo es verdad y que merece la pena vivirlo y seguir a Jesús!

Siento que se ahogó en un charco de agua, con perdón.

Así podría bailar un poco más con el resto de argumentos, pero el punto importante y lo que me resulta llamativo es que un cristiano con una larga trayectoria y que debería tener resueltas algunas cosas de Perogrullo, a estas alturas se tambalee porque un pastor llamado X sea... ¡un ser humano que se equivoca!

Las dudas de fe pueden venir por muchas razones, y empatizo con aquellos que, desde un profundo dolor, una experiencia muy traumática, una reflexión que les haga tambalear de manera honesta su fe, ponga en duda las columnas de su vida.

"Nunca digas, de esta agua no beberé", pero que alguien a esas alturas del camino abandone la fe por estas razones me hace pensar acerca de qué clase de burbuja evangélica hemos creado para que uno de nuestros artistas a la vanguardia de nuestras expresiones musicales y con muchos años de experiencia tire la toalla porque no quiera seguir profundizando en el estudio de un libro tan dinámico y vivo como la Biblia.

Honestamente creo, que una de las causas es que no hemos dado espacio a las crisis de fe, las hemos evitado como comunidad, no hemos invitado a la reflexión como parte del crecimiento espiritual y nos hemos dado el lujo de no forjar nuestra fe en el fuego de la prueba. Y por eso, este ejemplo es sintomático.

Esa es la razón por la que nuestros jóvenes, cristianos fervientes, seguidores de Jesús en la adolescencia con ganas de comerse el mundo como pan llegan a la universidad con 18 años, y en lugar de escribir una obra maestra como Frankenstein, pierden la fe porque habían vivido en automático, creyendo en una fe prestada, aparente y frágil como la burbuja a la pertenecían, y creyéndose incapaces de enfrentar los desafíos que les esperaban en el contexto universitario.

O nos cuestionamos nuestros planteamientos evangélicos, o estamos abocados a ver muchas más deserciones por temas nimios. O damos la bienvenida a las crisis, a las tormentas de las pruebas, o jamás estaremos preparados para bogar "mar adentro" y el oleaje nos hundirá.

"Extendiendo la mano, Jesús lo sujetó y le dijo:
— ¡Hombre de poca fe! ¿Por qué dudaste?".

Mateo 14:31

Me encanta esta pregunta de Jesús, en medio de una master class práctica acerca de hacer surf sin tabla, y con alto oleaje, una metáfora perfecta acerca de lo que es seguirle.

Pedro atesoró esta y muchas otras lecciones del Maestro que le sirvieron durante toda su vida de apostolado, hasta terminar sus últimos días de vida en Roma enfrentando la crucifixión, rogando que no le crucificaran... No por miedo, sino porque creía que no era digno de terminar como su maestro. Así que rogó que le crucificaran al revés.

No solo hizo surf con la vida, sino que además hizo acrobacias, otro nivel. Pero no fue gratuito.

Eso le dio "auctoritas" para decir lo siguiente:

> *"Queridos hermanos, no se sorprendan del fuego de la prueba por el que están pasando, como si fuera algo extraño. Al contrario, alégrense de tener parte en los sufrimientos de Cristo, para que también se alegren muchísimo cuando se muestre la gloria de Cristo".*

1 Pedro 4:12-13

Si no dudamos ahora, lo haremos después, si no nos cuestionamos a nosotros mismos ahora, la vida pondrá en cuestión nuestra supuesta confianza. Si no estamos dispuestos a pasar hoy por las pruebas de fuego, es imposible que mañana tengamos el valor para apagar el incendio del prójimo.

Porque es imposible caminar sobre las aguas si no salimos de la barca, lo que hoy en día llamamos "zona de confort", que es el lugar más peligroso, dañino y enfermizo para vivir a largo plazo.

Si no estamos dispuestos a pasar crisis de fe, jamás tendremos fe a prueba de crisis.

¡Cuestiónate!

UNA PALABRA PROFÉTICA PARA TERMINAR

"Todos te van a fallar".

Félix Ortiz

Cuestiónalo todo, duda de todo, pero no de Jesús. Sino desde Jesús. Quiero proponerte que Jesús sea tu axioma, tu logos, el ancla de tu fe. Pruébalo, y verás que todo encaja, que *"todo existe por Él y para Él"* (Romanos 11:36).

Porque pongas donde pongas tu confianza, tarde o temprano te fallará.

Tus mentores y referentes te van a fallar. Tu cultura y lo que te enseñaron tus padres te fallarán. Tus padres te fallarán, y tus hijos, tus hermanos y tus amigos. Tu iglesia te va a fallar, y tu denominación. Tu partido político, ¡hasta tu equipo de fútbol! Tu amor hacia Dios va a fallar, y tu devoción hacia Él. ¿Y sabes? Tu interpretación de la Escritura te va a fallar, y tú, sobre todo tú, te vas a fallar a ti mismo.

Por eso, todos los cuestionamientos son saludables, no des nada por hecho, para así no estancarte, es decir, no quedarte en un estanque, con las aguas plácidas donde no hay mareas ni mareos, pero que no te llevan a ninguna parte.

Sigue en la búsqueda, en la cuestión, de nuevo:

"Jesús le dijo:
– ¿Por qué lloras? ¿A quién buscas?

Ella creyó que era el que cuidaba el huerto, y le dijo:
–Señor, si usted se lo ha llevado, dígame dónde lo ha puesto, y yo iré por él".

Juan 20:15

Deposita tu confianza donde sea, y tarde o temprano te fallará. Pero Jesús nunca te va a fallar. Él, la pregunta de todo lo demás, es la única referencia segura para tu fe, para tu vida y más allá.

Sigue cuestionando, sigue descubriendo, en el nombre de Jesús.

"Dígame dónde lo ha puesto, y yo iré por él".

Vamos por Él. Sigamos buscando.

Cuestión:

Préstamo del latín, siglo XIII, quaestio, quaestionis: 'búsqueda', 'interrogatorio', 'problema', derivado de quaerere, 'buscar'.

¿?

EPISODIO V

INTER-ROGANTE Y RE-SPUESTA

¿Qué relación hay entre la espiritualidad y las preguntas? ¿Entre la fe y la duda? Hemos volado más allá de las Escrituras para hacer cuestionamientos a la realidad humana, y nos hemos acercado a las grandes preguntas a lo largo de la historia hasta nuestro hoy.

Pero debemos volver.

"¡Hagan esto en memoria de mí!". Jesús también hizo preguntas a Dios, preguntas honestas. ¿Cuáles fueron? En ellas podemos descubrir que en el interrogante de Jesús hay oculta una espiritualidad verdadera, que no necesariamente se resuelve, pero que confía a pesar de la incertidumbre.

Porque queremos respuestas, es inevitable. Jesús las quería, pero quizá nos sorprenda que la respuesta correcta no es la respuesta que Dios espera. Quizá desde ahí, desde la realidad de un Jesús cuyo misterio no es su gran poder (siendo Dios, eso no es sorprendente), sino su debilidad, podamos ahondar en el significado del Evangelio, de la propuesta de Jesús, y de cómo nosotros podemos continuar "inter-rogando" y "re-spondiendo".

Acerquémonos lo máximo posible a su corazón, en el momento más delicado de la historia de la humanidad. La oscuridad gobernaba todo, Jesús en un madero, la cuestión que iba a cambiarlo todo, lanzaba una pregunta incontestable al aire.

INTER-ROGATORIO

"*Cerca de las tres, Jesús gritó: —Elí, Elí ¿lama sabactani? (Dios mío, Dios mío, ¿por qué me has desamparado?)*".

Mateo 27:46

Mi hijo tiene un año, y camina, más o menos, y a veces cuando quiere que le dé algo que tengo, extiende el brazo con la palma de la mano hacia arriba, pronuncia algo ininteligible, pero entiendo perfectamente el ruego. A veces se lo doy.

EPISODIO V – Inter-rogante y re-spuesta

Otras veces no le respondo como quiere, pero extiendo los brazos, y espero que él se acerque a mi pecho, que se deje abrazar con fuerza y lo eleve hasta mi altura, algo que le fascina, incluso más que lo que le podría dar.

Me encanta ser padre, y abrazar y elevar a mi hijo.

Dios también es Padre.

- *"Elí, Elí..."*.

Pero esta es la única vez que Jesús no llamó Padre a Dios. Y esto es muy significativo. ¿Hubo respuesta? No. Según el relato de Mateo y Marcos hubo incomprensión por parte de los oyentes, y quisieron darle un analgésico. Después lanzó un grito y expiró.

Esta pregunta fue lo último comprensible que Jesús dijo según el registro en el primer evangelio que se escribió, Marcos, y el evangelio de la pedagogía: Mateo.

La secuencia es demoledora:

una pregunta desgarradora, luego un grito, luego la muerte.

Fin.

Para Jesús, Dios era Padre, Abba, y siempre lo llamó así. En su intimidad mostraba su confianza llamándolo Papá, y cuando les enseñó a sus discípulos en Lucas 11 a orar, les dijo que comenzaran bien: Padre nuestro...

Porque Él era el Hijo amado, seguro del amor de Dios.

Pero la excepción, nos salta desde el texto hasta nuestras retinas:

- *"Elí, Elí..."*.

Jesús estaba recitando el salmo 22, aferrándose a lo único que le quedaba: la Palabra que había interiorizado en sus momentos reflexivos, los salmos que contenían todas las emociones humanas. Y no eligió el 23, no era el momento, sino el 22. Aquí Dios no es Padre, Jesús en la cruz está siendo juzgado, y parece que el Padre no hace nada.

Jesús lanza su interrogante: ¿por qué?

Está interrogando a Dios, es un interrogatorio: ¿cuál es el sentido de este sinsentido?

La palabra "interrogante" es preciosa. Formada por el prefijo inter- en medio, y rogante, del verbo rogar, pedir, y viene de la raíz indoeuropea reg (derecho), que significaba pedir con la mano extendida. Es un gesto primitivo, que incluso hacen los niños pequeños a sus padres sin que nadie se los enseñe. De ahí viene la palabra derecho, rey, recto...

"... *¿por qué me has desamparado?*". Un niño extiende su brazo, está rogando.

Esta pregunta nos la hemos hecho todos en algún momento de nuestra vida, es una de las grandes preguntas, y parece que ni a Jesús le fue contestada. El problema del dolor siempre es un argumento que hace tambalear nuestra fe desde todos los frentes.

"... *¿lama sabactani?*".

Y nadie le respondió. Pero Lucas, el médico amado, nos dice lo que gritó, su último suspiro:

"Entonces Jesús gritó con fuerza:
– ¡Padre, en tus manos encomiendo mi espíritu!

Y después de decir esto, murió".

Lucas 23:46

Padre, vuelve a ser Padre, pero no dice nada, y Jesús mismo responde, en el último acto de fe, de confianza: entregarse, esa es la respuesta correcta, a los brazos del Padre, para que Él haga lo que quiera. Sin duda lo hizo, lo elevó. El velo se rasgó, todo había cambiado, la respuesta definitiva a *todo*, había ocurrido.

Observa el final de Juan:

"Al probar Jesús el vinagre, dijo:
–Todo está cumplido.

Luego inclinó la cabeza y entregó el espíritu".

Juan 19:30

Todo está cumplido, consumado es. En griego "tetelestai". Se acabó, deuda pagada, fin del problema. Para los observadores, los discípulos, las mujeres, los romanos... Jesús había fracasado; para la perspectiva eterna, Jesús había vencido, había triunfado. Había llegado hasta el final.

Tres días después, su victoria en la cruz, se hizo visible. Esos días los discípulos tenían muchos interrogantes, como los dos del camino a Emaús. Pero Jesús, la respuesta, solo esperaba el momento oportuno para dar a conocer la realidad y el sentido de todo.

¿Dónde estaba Dios cuando Jesús moría en la cruz?

> *"Dicho en otras palabras: en Cristo, Dios estaba reconciliando al mundo con él, no tomándole en cuenta sus pecados, y encargándonos a nosotros este mensaje de la reconciliación".*

2 Corintios 5:19

Me encanta ser padre, y abrazar y elevar a mi hijo.

Dios también es Padre.

INTERROGANTE MAINSTREAM: SI DIOS EXISTE, ¿POR QUÉ HAY SUFRIMIENTO?

> *"Deduje hace mucho que si Dios es Todopoderoso no es bueno del todo, y si es bueno del todo no puede ser Todopoderoso... Y tú tampoco. Ellos tienen que ver el fraude que eres con sus ojos y tus manos llenas de sangre".*

Lex Luthor a Superman

No hay conversación en torno a la existencia de Dios que no se tope con esta pregunta tarde o temprano: "Si Dios existe ¿por qué hay sufrimiento?". Es una pregunta lícita y se han derramado litros y litros de tinta para darle respuesta. El primer libro que leí acerca del tema fue el de C.S. Lewis, *El Problema del Dolor.* En él, y de una manera brillante, Lewis analizaba con su pluma lógica, la explicación del fenómeno del dolor, y cómo este no estaba en contradicción con la existencia de un Dios bueno. Todo era coherente, tenía sentido y te daba paz frente al problema teórico.

Alvin Plantinga, uno de los filósofos más respetados en la actualidad aborda este tema y lo resuelve satisfactoriamente. En esencia la idea es que seres libres como nosotros, somos capaces del bien moral y del mal moral, con las consecuencias que eso conlleva. Además, si está dentro de un contexto, si se ve en perspectiva, puede tener un sentido, y que una vez pasado ese trance, no supone un problema mayor. La teoría lo aguanta todo. Y a nivel lógico se resuelve.

Pero el mal acarrea consecuencias, normalmente dolor. Y el dolor, si lo piensas bien, no existe. Existen las personas o los seres a los que le duele. El dolor es un constructo, una palabra abstracta que pretende describir lo que alguien en concreto siente.

¿Qué ocurre cuando te duele a ti? Cuando deja de ser un problema teórico sobre el papel y se convierte en una experiencia personal, ¿sirven las explicaciones racionales? ¿Es ese el único consuelo que queda? ¿Es esa la respuesta que esperamos? Los interrogantes se multiplican.

ENTREGARSE, ESA ES LA RESPUESTA CORRECTA, PARA QUE ÉL HAGA LO QUE QUIERA.

Porque el dolor no existe por sí mismo. El dolor existe porque a alguien le duele, porque existe un doliente. Por lo tanto, la respuesta no puede ser solamente teórica, sino comprensiva, empática (ocupar el lugar del otro).

El dilema de Lex Luthor no es más que una reformulación del dilema de Epicuro, del siglo III y IV a.C.

Ya Pablo de Tarso se encontró con miembros de su escuela en Atenas. Y, como digo, es un dilema, a mi juicio, superado, en teoría. Pero la Escritura también lo aborda, como hemos visto en Job, en Eclesiastés y, sobre todo, en el mismo Jesús.

Podría referenciarte a libros de C.S. Lewis, Timothy Keller, Anthony Flew, y otros, para que puedas articular respuestas coherentes y responderle al antagonista de Clark Kent. Y si quieres hazlo, será bueno para ti.

Pero la Biblia no solo da una respuesta teórica, sino pastoral. Una respuesta real. En el sentido literal de la palabra, como verás más adelante.

Porque al "inter-rogante" le duele.

Mi héroe de la literatura, C.S. Lewis, sufrió la muerte de su esposa, y no pudo escribir el libro *El Problema del Dolor II*, sino que se limitó a escribir una pequeña obra maestra: *Una Pena en Observación*. En ella, Lewis no da respuestas contundentes, porque le duele, solo puede observar lo que ha ocurrido, lo que le está ocurriendo a él. Y rogar, interrogar. Es honesto y desgarrador, auténtico, y a pesar de todo, en medio del dolor, esperanzador.

Reconozcámoslo:

Dios es bueno, y todopoderoso. Pero, aun así, seguimos teniendo interrogantes. Seguimos rogando.

Tarde o temprano, a pesar de Nietzsche, descubrimos que no somos Superman.

Y buscamos respuestas.

PREGUNTA VACÍA

El evangelio de Marcos termina con la tumba vacía. Nunca un espacio vacío había dicho tanto, ni dejó con tantos interrogantes. Ese mensaje conciso: "No está aquí", puede ser una bomba que detone todos nuestros presupuestos y abra caminos a través de rocas inexpugnables como la muerte.

Si realmente Jesús resucitó, entonces *todo* cobra sentido, todo se ve desde una perspectiva que ilumina hasta los lugares más oscuros de nuestra alma. Y de repente el dolor, la incomprensión, incluso la propia muerte, pierden su poder y no hay argumento que nos haga dudar del amor eterno de Dios.

Es una apuesta muy fuerte. El cristianismo se cae o se sostiene en base a ese milagro:

"... y si no resucitó, vana es nuestra predicación y vana es la fe de ustedes".

1 Corintios 15:14

Pablo lo tenía claro. La resurrección es la clave para entenderlo todo. Todos los interrogantes apuntan de alguna manera hacia allí. Nuestra respuesta a ese hecho será decisiva.

¿Qué reacciones se pueden tener frente a la tumba vacía? En los evangelios vemos algunas respuestas con las que nos podemos sentir identificados. Incredulidad y respuestas alternativas: robaron el cuerpo, es un complot... Todo excepto que Jesús resucitó. No por falta de pruebas, sino porque esa respuesta al interrogante supondría un cambio demasiado radical en la cosmovisión de mi vida.

Si Jesús está vivo, sus afirmaciones son ciertas, y entonces mi vida debe cambiar para estar en sintonía con la realidad, y ya no puedo hacer lo que me dé la gana. Así que mejor encontrar explicaciones más interesantes para nuestros planes.

N.T. Wright, en su monumental obra *La Resurrección del Hijo de Dios* habla acerca del fenómeno de la resurrección de Jesús desde todos los ángulos: histórico, comparativo, antropológico, psicológico, filosófico, teológico, etc.

Esto sienta las bases para un examen a fondo de las creencias cristianas primitivas acerca de la resurrección en general y de la de Jesús en particular, comenzando con Pablo y llegando hasta el siglo III. Llega a conclusiones históricas acerca de la tumba vacía y la creencia de que Jesús realmente resucitó corporalmente de entre los muertos, reconociendo que fue esta creencia la que hizo que los primeros cristianos llamaran a Jesús "Hijo de Dios".

Y eso lo cambia todo. ¿Te has enfrentado a esta realidad? ¿No te genera interrogantes?

Los indicios históricos acerca de la tumba vacía son arrolladores y aun así preferimos no enfrentarnos a ese vacío existencial que genera la muerte, preferimos huir de la reflexión y, tristemente, de la única esperanza que tenemos a nuestros ruegos.

El ser humano le tiene miedo al vacío. El famoso "horror vacui". En el arte se ve en muchas obras recargadas intentando que no quede ningún espacio vacío, llenando de detalles hasta los rincones menos visibles de un pórtico barroco. Hay que llenarlo todo, con algo.

En nuestra existencia es así, llenamos el vacío que genera la muerte con "entre-tenimiento" (una palabra asociada con encantamiento, desviar la atención de lo importante), riquezas, posesiones, placeres, vacaciones, hobbies, miles de ocupaciones y supuestas gestas a realizar; que no quede ningún espacio vacío...

Hasta que nos sorprenda la muerte.

Es una procrastinación vital, dejamos para el mañana lo que deberíamos enfrentar hoy. Porque, aunque no lo reconozcamos, seguimos teniendo interrogantes frente a la muerte y, por eso, le tememos.

Pero, ¿y si Jesús resucitó?, ¿si realmente la tumba estaba vacía? La muerte asusta, pero si alguien pudo con ella, hay esperanza.

"Estaban tan asustadas que se inclinaron hasta tocar el suelo con su rostro. Pero ellos les dijeron:
– ¿Por qué buscan entre los muertos al que vive?".

Lucas 24:5

Dostoievski, también abordó este tema en su libro *Los Hermanos Karamazov*:

"Creo con la candidez de un niño que el sufrimiento llegará a su fin acompañado de necesaria recompensa. Y creo también que el humillante absurdo de las contradicciones humanas se esfumará cual espejismo, cual despreciable trama de la impotente e infinitamente limitada mentalidad humana, y que en el final del mundo, cuando impere por fin la armonía eterna, algo tremendamente precioso ocurrirá, trayendo satisfacción a los corazones y consuelo a los resentidos. Será entonces efectiva la expiación de todas las transgresiones de la humanidad, y de toda la sangre derramada; y será así posible no solo perdonar sino asimismo darle un sentido a todo cuanto ha tenido lugar".[4]

Si Dios no existe, todo está permitido y la muerte, el acto más democrático de la vida, nos alcanzará a todos sin remedio y nada tendrá sentido ni valor; pero, si existe y se manifestó en Jesús de Nazaret que resucitó, entonces sabemos que todos los interrogantes tienen fecha de caducidad.

El evangelio de Marcos termina con la tumba vacía.

Mi historia también.

A DIOS ROGANDO...

La espiritualidad está íntimamente relacionada con interrogar, con no saber, con dejar espacio para el misterio y la aventura.

¿Cuánto pagarías por tener al lado siempre una persona que te dijera la verdad, todo el tiempo? Al principio sería interesante, pero pensándolo bien, creo que no quiero ese tipo de relación: "No debes comer eso, estás un poco gordito", "Todavía no eres perfecto", "Deberías cambiar eso", "Esto no lo has hecho del todo bien", "Esto es lo que va a pasar ahora..., y ahora pasará esto". ¡Todo el tiempo! Sería un no vivir. No quiero ese tipo de relación que al final me desanimaría y anularía mi libertad.

---

4 Dostoievski, Fiódor M. *Los hermanos Karamazov*. Ediciones Cátedra. Madrid, España, 2013 (Bratia Karamázovy).

Algún día, delante de Él, lo tendremos todo claro como el mediodía, no necesitaremos fe ni esperanza, pero mientras tanto la verdadera reflexión, la verdadera espiritualidad y la sabiduría pasa, necesariamente, por la oración, por una relación dinámica con Dios. Permíteme hablar acerca del rogar, del interrogar.

No oramos para tener todas las respuestas, oramos para ver el mundo como Dios lo ve, para verlo "realmente". En el Padre Nuestro, la oración que nos enseñó Jesús, no hay peticiones para saber algo, sino para que ocurra la voluntad de Dios, en la tierra. Se han derramado ríos de tinta acerca de la oración de Jesús, de cómo debemos orar, de cómo orar eficazmente, etc. Pero el punto es que podemos estar en conexión y comunicación directa con el Dios omnisciente. No para que nos lo diga todo, sino para conocerle, saber lo que quiere.

"Se apartó un poco, se postró rostro en tierra y oró:
'Padre mío, si es posible, aparta de mí esta copa. Pero hágase lo que tú
quieres y no lo que quiera yo'".

Mateo 26:39

NO ORAMOS PARA TENER TODAS LAS RESPUESTAS, ORAMOS PARA VER EL MUNDO COMO DIOS LO VE.

Jesús nos enseñó a orar, es decir, a hablar, con total transparencia. Solo en la oración estamos hablando con un interlocutor que lo sabe todo acerca de nosotros, y por eso solo ahí podemos ser nosotros, totalmente auténticos, no hay remedio. Por lo tanto, aprender a orar, es aprender a hablar, a comunicarnos, a confiar, a ser auténticos. Con las incertidumbres incluidas.

Pero no esperemos "La Respuesta" a la oración, entendiendo esta como un discurso correcto. No.

La espiritualidad es misterio, es también no saber, la fe solo puede aparecer cuando no lo sabemos todo, cuando tenemos dudas; oramos, porque estamos seguros de que Dios está ahí, a pesar de todo, inter-rogamos porque sabemos que hay un interlocutor.

"Sin fe es imposible agradar a Dios. El que quiera acercarse a Dios debe
creer que existe y que premia a los que sinceramente lo buscan".

Hebreos 11:6

Sin fe es imposible agradar a Dios, pero si no hay misterio, no hay fe.

Dios no nos llama a tener respuestas para todo, nos invita a una relación viva con Él.

¿Recuerdas a aquel Job, que perdió todas sus seguridades, que no tenía donde agarrarse? La historia terminó con él rogando a Dios, reconociendo que solo sabía que no sabía nada, como Sócrates afirmaría después.

Y ahí su relación con Dios fue mucho más estrecha. No encontró respuestas, Dios fue la respuesta. Dios no le explicó todo a Job, pero le dijo lo que necesitaba saber, nada más, nada menos. En una relación vital de amor. Confiando en que su perspectiva de mi vida es mejor que la mía.

Yo no pagaría nada por tener a mi lado a una persona que siempre me dijera la verdad. Pero lo daría todo por conocer a una Persona que siempre me dijera lo que necesito saber, lo que verdaderamente necesito saber, y que callara cuando lo necesitase. Por amor.

Debemos interrogar, es decir, rogar, orar, y hacerlo, no para obtener respuestas solamente, sino porque la relación lo merece, *"si es posible... Pero hágase lo que tú quieres..."*. Jesús demostró una absoluta confianza en el amor de Dios a pesar de estar pasando por la prueba más difícil de su vida; no quería perder la oportunidad de seguir en relación con el Padre.

¿Por qué oramos? Porque podemos.

Es la mejor respuesta que se me ocurre. ¿Quién no querría hablar con la Persona más interesante, increíble, amorosa, sabia y capaz del universo siempre que pudiera?

A pesar de eso, las dudas pueden embargarnos, pero si las tenemos, presentémoslas a nuestro interlocutor con confianza. Él sigue siendo Dios.

Hemos nacido para tener una relación viva con Dios, donde las cuestiones tienen su lugar, donde la verdadera espiritualidad no consiste en una seguridad total en todos los temas, sino en que vivimos con fe en la incertidumbre, confiando en un Dios bueno, que no siempre nos responde como queremos, pero sí, como necesitamos.

El interrogante es parte vital de una vida espiritual saludable. Nuestras limitaciones son un don, un regalo que nos ayuda a ejercitar nuestra fe. Tanto es así, que Dios, que lo sabía todo, que no tenía límites, quiso experimentarlo en Jesús de Nazaret.

HUMANA-MENTE

La mente de Jesús tenía interrogantes. Había cosas que Jesús no sabía.

Me recuerda a aquel Job, que perdió todas sus seguridades, que no tenía dónde agarrarse.

Por ejemplo, no sabía cuándo iba a volver. *"Si es posible..."*, Jesús no sabía si era posible. Y no pasa nada. Seguía siendo Dios.

Su mente, a pesar de tener una perfecta comunión con el Padre, no era infinita, era humana, finita, limitada. De hecho, es la mente más humana que ha pisado este planeta. Él tenía conexiones neuronales como las mías, una estructura cerebral como tú y como yo, con hormonas como la testosterona que corrían por su sangre... Y así hasta describir en su totalidad lo que es un hombre, de Verdad. No era Dios disfrazado de hombre. Hubo un tiempo en que no sabía hablar, ¡Dios tuvo que aprender!

El que anduvo por las aguas se tropezó en varias ocasiones en las cuestas de la aldea de Nazaret.

La humanidad de Jesús es algo tan increíble que una de las primeras herejías fue el "docetismo", que proclamaba que Jesús no podía ser humano; parecía (docere en latín) humano, pero no lo era. La encarnación sigue siendo uno de los misterios más alucinantes y profundos de la historia de la Salvación, una idea divina.

Y la Iglesia luchó fervientemente para resolver esta paradoja: Hijo de hombre, Hijo de Dios. La mente de Jesús era totalmente humana, Dios se hizo hombre.

Porque Jesús fue el humano más humano que ha pisado esta Tierra. Y lo que hizo lo hizo como un humano, un Adán. Sin trampas. Pero lleno del Espíritu Santo.

Ocupó nuestro lugar, el Dios eterno se hizo mortal. Empatizó con nosotros, con nuestro dolor, nuestro sufrimiento, nuestra muerte. No nos dio una respuesta teórica, su respuesta fue su vida humana; no nos dio un discurso, nos dio una vida.

Y eso nos da una esperanza increíble. Porque como humanos, si Él se hizo como nosotros, ahora nosotros podemos ser como Él.

"'¿Quién ha conocido la mente del Señor? ¿Quién podrá enseñarle?'
En cambio, nosotros tenemos la mente de Cristo".

1 Corintios 2:16

Podemos tener su manera de pensar, podemos ser como Él, y esto siempre se toma como una utopía, pero debería ser un desafío real. Dios cree que podemos ser como Jesús, porque Jesús se hizo como nosotros. Lo que antes era imposible, Dios lo hizo posible. Y a pesar de nosotros, de nuestros interrogantes, debemos avanzar hacia ese destino.

El ser humano ha nacido para ser como Jesús, es decir, para ser lleno del Espíritu Santo, para "re-sponder" al llamado de Dios. Ser espiritual es ser humano, volver a la humanidad que Dios pensó. Dios nos quiere con una mente humana, con preguntas, como la mente de Jesús.

"La duda es uno de los nombres de la inteligencia".

Jorge Luis Borges

Los interrogantes de Cristo no lo llevaban a alejarse del Padre. ¡Todo lo contrario! Lo impulsaban a rogar al Padre. Tus dudas, cuando son genuinas y nacen de una mente espiritual, son un imán para acercarnos al único lugar donde podemos encontrar respuestas. Que tu vida de oración sea un ruego donde puedas vivir en el misterio, descubriendo a Dios en medio de la incertidumbre. Porque la espiritualidad cristiana no es estar seguro de todo, sino ser capaz de no estar seguro de nada y vivir por fe, confiando en el Padre que nos mostró Jesús.

De nuevo, nuestro querido Job, habiendo perdido la fe en todas las teologías que daba por hechos, pudo afirmar que seguía confiando en Alguien.

¿Podremos nosotros?

"Yo sé que mi redentor vive, que al fin estará de pie sobre la tierra".

Job 19:25

RE-SPUESTA

Intensa y reiterativa re-promesa. Participio pasivo del verbo responder. Viene del prefijo re- (volver) sobre el verbo sponderes (prometer, ofrecer).

Este verbo se asocia con la raíz indoeuropea spend (ofrecer libación u ofrenda).

Permíteme personalizar un poco en los próximos párrafos.

¡Claro que hay respuestas! No todo son incertidumbres. La vida cristiana está llena de promesas, pero no de seguridades fundamentalistas que son solo ansias de control. Buscamos respuestas. Y eso está bien. Pero si son solamente respuestas teóricas y discursivas, no llevarán a ninguna parte. La verdadera respuesta es, etimológicamente, ¡una ofrenda! una entrega de nuestra vida.

SI ÉL SE HIZO COMO NOSOTROS, AHORA NOSOTROS PODEMOS SER COMO ÉL.

Por eso, nuestra respuesta al interrogante de Jesús, no es simplemente una confesión de fe, una teología correcta, sino una vivencia correcta:

> *Por esto, hermanos, tomando en cuenta el amor que Dios nos tiene, les ruego que cada uno de ustedes se entregue como sacrificio vivo y santo; este es el único sacrificio que a él le agrada".*

Romanos 12:1

La respuesta lógica, según el texto original, es entregar nuestra vida entera a Él. Pero este no es el primer paso. El primer paso lo dio Dios. Disfruto mucho saberme en esta narrativa, a pesar de mis dudas; Él es mi interrogante, Él es mi respuesta.

Los once primeros capítulos de Romanos son la explicación de *"el amor que Dios nos tiene"*. La respuesta "co-herente" con ese amor, es nuestra entrega. Esa es la "re-spuesta".

Dios nos lanza un interrogante: Jesús, ¿qué vas a hacer con Él? Y nosotros respondemos. Es un precioso diálogo, divino y humano, del que Dios nos permite formar parte, con voz y voto. A ti y a mí.

Pero cavemos más profundo. No nos quedemos sembrando semillas en pedregales, de manera superficial. Porque finalmente, debo darle la razón a Andraé Crouch: Jesús es la respuesta. Pero no como lo entendían los griegos, no solo son enseñanzas correctas. Lo que realmente cambió todo, cambió la muerte por vida, el odio por amor, la nada por la esperanza, el sinsentido por el propósito, no fue lo que Jesús enseñó: fue lo que hizo por nosotros. Él es la respuesta a las preguntas más hondas de mi ser. Observa y medita en estos interrogantes de Pablo, de nuevo en Romanos:

"¿Quién nos condenará? Cristo fue el que murió y volvió a la vida, el que está en el lugar de honor junto a Dios, intercediendo por nosotros.

¿Quién podrá apartarnos del amor de Cristo? ¿El sufrimiento, la angustia, la persecución, el hambre, la pobreza, el peligro, las amenazas de muerte?".

Romanos 8:34-35

Estas preguntas retóricas son aire fresco para nosotros. Pablo no niega que todo eso puede acaecerle a un seguidor de Jesús, pero sí afirma que son impotentes frente al amor de Cristo. No está diciendo que mi amor por Dios no se va a tambalear. Porque, de hecho, muchas veces, sí lo hace. No.

Mi confianza no está en el amor que yo le tengo a Dios. C.S. Lewis afirma que nuestro amor hacia Dios siempre será en cierta medida un amor-necesidad, y que fluctúa. No puedo confiar en mi amor por Dios como el fundamento de mi vida y de mi seguridad, sino en el amor que Él me tiene a mí. Y simplemente soy llamado a corresponder a esa entrega de Dios hacia mí, entregándome a Él y a los demás, como sacrificio vivo. Como Jesús, ser la respuesta para otras personas. Que no quieren contestaciones griegas, discursivas y dogmáticas. Quieren el argumento de mayor peso que pueda resolver sus ruegos e interrogantes: tu propia vida, ofrecerte a ellos, como Jesús lo hizo contigo.

Esa es mi *respuesta.*

Porque puede que nos inunden las incertidumbres más adversas, pero en medio de todo y a través de todo:

Yo sé que mi redentor vive (esto lo digo yo).

UTOPÍA O EUTOPÍA

A los jóvenes nos encantan las utopías. (Es interesante cómo me descubro llamándome joven a mí mismo con 35 años; los tiempos cambian, supongo).

Nuestra sociedad actual es muy utópica. Anhela todo, cree ciegamente en cualquier respuesta nueva, solo hay que ver la cantidad de partidos políticos que proliferan hoy en día, de productos nuevos, de experiencias nuevas, ideologías e incluso palabras nuevas y lenguaje nuevo, todo nuevo.

Atenas sigue viva:

"En una ocasión se enfrentó a varios filósofos epicúreos y estoicos.

«¿Qué quiere decir este hablador?», exclamaron algunos. Y cuando lo oyeron hablar acerca de Jesús y de la resurrección, otros decían: «Parece que habla de nuevos dioses».

Y lo invitaron a ir al Areópago.

—Ven y cuéntanos acerca de esa nueva religión —le dijeron—, porque has estado diciendo algunas cosas raras y quisiéramos entenderlas.

Era que a los atenienses, al igual que a los extranjeros que residían en Atenas, les gustaba matar el tiempo discutiendo cualquier idea nueva".

Hechos 17:18-21

Pablo se encontró en un contexto muy parecido al nuestro. Nuestra realidad sigue siendo así. Siempre buscando algo nuevo. Y detrás de la respuesta, del ídolo, la desilusión. Porque toda respuesta incorrecta en la que confías para dar sentido a tu vida, es un ídolo en el corazón. Nuestro corazón anhela certezas que nos den seguridad, felicidad... quizá porque hemos sido creados para alcanzarlas, no solamente anhelarlas, pero si las buscamos en el lugar (topos) equivocado, se convertirán en ídolos. Ya lo decía Juan Calvino: "El corazón es una fábrica de ídolos". Las utopías, las religiones, nuevas maneras de intentar "religarlo" todo y darle sentido a la vida, nunca cumplen con lo que prometen, son ídolos. Siempre son, por definición, un horizonte inalcanzable. Esperando siempre, algo nuevo.

Nuestra propuesta como cristianos, nuestra respuesta, no es una utopía. No es un no-lugar imposible, como en el libro de Tomás Moro titulado así en 1516. Sino una eutopía, un buen lugar. Y posible. Una buena propuesta.

La "pro-puesta" de Jesús, es: "el Reino de los cielos ya está entre vosotros". La utopía no es tal, ya está disponible, hagámosla posible. Los interrogantes de la vida deben ser respondidos no con utopías, sino con eutopías, realidades alternativas, buenas, aquí y ahora. Y así ser creíbles. Como la vida eterna, que no solo es para el más allá, no es escapista, sino para el más acá:

"Y esta es la vida eterna: que te conozcan a ti, el único Dios verdadero, y a Jesucristo, a quien tú enviaste".

Juan 17:3

La vida eterna se puede vivir en el presente, conociendo hoy a Jesús.

Pero hemos convertido el mensaje del Evangelio en una utopía. Hemos dado una respuesta equivocada. Hemos hecho creer que el cristianismo es escapista. Huye hacia arriba. Para el cielo, para el horizonte. Sin conexión con nuestro presente, una utopía bonita en la que creer, pero que no podremos alcanzar como humanos. La Biblia enseña lo contrario: que estamos trabajando para la eutopía, que esta tierra será su cielo, que puedo ser como Jesús, que Él está y estará aquí presente. Perdona que reincida:

"Yo sé que mi redentor vive, que al fin estará de pie sobre la tierra".

Job 19:25

Hemos distorsionado nuestra respuesta al interrogante. Y hemos respondido preguntas que la gente no se hace. Y por eso hoy, nuestro evangelio, las buenas nuevas, que la gente podría esperar como agua en el desierto, ni son buenas, ni son nuevas.

¿BUENAS... NUEVAS?

"Este es el principio de la buena noticia de Jesús el Mesías, el Hijo de Dios".

Marcos 1:1

Evangelio empieza por eu: bueno, buenas, una raíz preciosa que genera grandes expectativas. Como eutopía. ¡Esto es algo muy bueno! Era la "re-spuesta" a los ruegos, al "inter-rogante" en el corazón de la humanidad. Es nuestra aportación en medio de todas esas utopías.

Es la noticia que puede tambalear todo el sistema.

Pero hoy en día el evangelio no parece bueno. Ahora las buenas noticias tienen que ver con el lanzamiento del nuevo iPhone, o cualquier producto de moda, o la nueva producción de Justin Bieber, o que hay agua en Marte. ¡Esas son buenas noticias! ¿Qué importa lo que haya hecho un judío hace dos mil años en una provincia apartada de un imperio extinguido?

Preferimos las utopías que nos promete la tecnología, en la que todos hemos caído, y a la que todos hemos "re-spondido" (nos hemos ofrecido). Nos dijeron que con nuestros celulares podríamos conectarnos más, ser más nosotros, tener más tiempo. Y aunque ahora somos esclavos de la conexión constante y del exceso de información y del entretenimiento, no nos damos cuenta.

Yuval Noah Harari, el intelectual de cabecera de Barack Obama, Bill Gates y Mark Zuckerberg, en su libro *Homo Deus*, nos habla de cómo imagina el futuro con las tendencias que ahora están teniendo lugar.

Afirma que el ser humano anhela inmortalidad, felicidad y conocimiento. Y propone que todo eso lo conseguiremos con la "buena nueva" del avance de la tecnología y la genética. Una utopía donde el problema será que el humanismo será sustituido por el dataísmo (datos), donde los algoritmos marcarán nuestro destino, nuestros gustos, decidirán por nosotros y trabajarán por nosotros.

Todo esto que suena a veces a ciencia ficción, es una realidad que ya se hace visible en la relación con nuestros celulares, que de forma "mágica" nos anuncian el producto que justamente queríamos comprar. Y hoy, nadie concibe su vida sin estos dispositivos. Y para allá vamos.

Como siempre, las utopías terminan convirtiéndose en infiernos. Yuval nos advierte de los peligros que todo esto podría acarrear para lo que significa ser humano. Lo que hoy parece una buena noticia, mañana será una pesadilla. Sin ser alarmista, quizá este tema debería ser más atendido por nosotros, viendo que aquellos que están a la vanguardia lo están tomando en cuenta.

LA VIDA ETERNA SE PUEDE VIVIR EN EL PRESENTE CONOCIENDO HOY A JESÚS.

Pero, en cualquier caso, en nuestro día a día, está siendo así. El mundo vive adormecido, buscando lo bueno, lo nuevo, en cualquier cosa que lo saque de su sinsentido.

Pero, si el cristianismo es verdad, si Cristo es Verdad, si es, como he intentado "de-mostrarte" en estas páginas, la Verdad, entonces cada ser humano con el que te cruces, ha sido creado, en un sentido profundo, para escuchar esta buena nueva.

Buena, porque no hay nadie que pueda superar, siendo realistas, la propuesta de la resurrección, y cómo ella afecta directamente a tu presente.

Debemos dejar de ser tan huidizos y entender que el futuro, que la esperanza, que la eternidad, afecta de manera directa nuestro presente, nuestras relaciones y el significado de todo. La meta real afecta nuestro camino. Si el fin es una boda, eso modulará mis relaciones con la chica que amo. Afectará directamente mi presente con ella, camino a una meta bien definida. No utópica, inalcanzable, sino clara, en el tiempo y en el espacio.

La boda es como el Apocalipsis: una revelación. ¡No es una broma de mal gusto para hablar mal del matrimonio! El Apocalipsis de hecho es una boda, y ese final feliz modulará mis relaciones con la vida. Afectará mi presente, mi camino hacia una meta bien definida. No utópica, inalcanzable, sino clara, en el tiempo y en el espacio.

Es buena, no es una noticia amenazante. Hemos planteado mal el asunto. El miedo a morir por la eternidad no es el argumento para convencer. Justamente, el Evangelio se comunica para librarnos del temor a la muerte y al sinsentido. A veces veo creyentes que amenazan con la no-salvación en lugar de hablar de la belleza, de lo bueno, de la noticia esperanzadora que supone que Jesús vino al mundo.

La existencia de Dios Padre, y la vida, muerte y resurrección de Jesús son buenas. Algo estamos haciendo muy mal, cuando la gente lo ve como una mala noticia, y no como la ganga cósmica. Porque el mensaje del Evangelio es liberador, no esclavizante; es gracia, no legalismo; es alegría, no tristeza; es realización máxima, no cohibición enfermiza; es abrir tu mente, no cerrarla; es pensamiento crítico, no dogmatismo enlatado; no es un analgésico ni un producto para olvidar nuestras penas, es una relación viva con el Ser más increíble de la Historia y la eternidad. Es demasiado bueno para que la gente no se sienta atraído por Él. Al menos, debemos intentarlo; no nos pongamos palos en la rueda. El Evangelio es la esperanza real que nos impulsa hacia adelante, el motor de nuestra historia. La boda.

Es buena, y es nueva.

"Angelos", el mensajero, el enviado para anunciar lo importante. Porque siempre ha de ser nuevo. Nunca desfasado. El mensaje del Evangelio es, por definición, actual. Jesús ha resucitado, es una noticia, y desde entonces, Jesús no ha envejecido, sigue con el mismo dinamismo de antaño.

Mi Señor sigue teniendo 33; cuando lo vea espero que no me haga la broma de que es más joven que yo.

Es cierto que en el poscristianismo en el que vivimos, la gente tiene una falsa familiaridad con el mensaje de Jesús. O con lo que cree que es el mensaje de Jesús. Y se ha vacunado, y por nuestra culpa ha perdido credibilidad. Pero normalmente, cuando rascas acerca de lo que han oído, el mensaje no se ha comunicado como debería. Porque se comparte un mensaje viejo, o peor, de segunda mano, lleno de añadidos o filtros que originalmente no tenía. Usado, y por lo tanto distorsionado. Nuestros esfuerzos deben ir en el sentido de renovarlo, constantemente, un Evangelio que no envejece. Porque es un mensaje eterno. Si no lo fuera, sería viejo.

"Todo lo que no es eterno, está eternamente pasado de moda".

C.S. Lewis

Es nueva, una noticia, información veraz acerca de un hecho, y que afecta directamente a la vida del interlocutor a la cual va dirigida. Porque es una noticia para él. Jesús ha resucitado, y anda buscándote. No es algo que ha ocurrido y está fuera de tu radio de realidad. Jesús ha muerto y ha resucitado *por ti*.

No me hagas escribir Juan 3:16.

Pero ahí estás tú, y yo. El mensaje del Evangelio, la buena noticia concierne a todo aquel que la escucha, es para el que la oye, y afecta directamente a su realidad. Es una noticia acerca no solo de Jesús de Nazaret, sino también de Alex Sampedro. Porque esa noticia habla de quién soy yo, y qué hago aquí, por qué estoy aquí, por qué soy como soy, y para dónde voy. ¡¿Cómo no va a ser actual?!

Porque, en definitiva, la buena nueva del Hijo de Dios, me dice que yo soy un hijo de Dios.

PREGUNTAS PRO-VOCATIVAS

No era el mejor orador de la historia, pero se armó de valor, se llenó del Espíritu Santo, se sabía inspirado y proclamó las buenas nuevas de Jesús por primera vez y los resultados fueron increíbles:

"Aquellas palabras de Pedro los conmovieron tan profundamente que le dijeron al propio Pedro y a los demás apóstoles:
—Hermanos, ¿qué debemos hacer?

—Arrepiéntanse —les respondió Pedro—, y bautícense en el nombre de Jesucristo, para que Dios les perdone sus pecados. Entonces recibirán también el don del Espíritu Santo, porque para ustedes es la promesa, y para sus hijos, y aun para los que están lejos, pues es para todos a los que el Señor nuestro Dios llame".

Hechos 2:37-39

Confesión de nerd: el latín fue mi asignatura favorita en mis últimos años de instituto, de "high school". Me encantaba, porque era la raíz de muchas de las palabras que usamos hoy en el castellano; comenzaba a descubrir la riqueza de la etimología, de excavar en el origen de las palabras y la relación entre ellas. Y se me daba muy bien. Siempre sacaba diez. Siempre. Menos una vez, que saqué un cuatro (nota: esta asignatura era la excepción, no creas que era el Sheldon Cooper español). Una de las declinaciones sobre las que funcionaba este precioso idioma era el vocativo, que era utilizada para dirigirse directamente a alguien o algo, incluyendo en la frase la identidad de la persona a la que uno se dirige.

El mensaje de Pedro provocó una respuesta, perdón, una pregunta. Fue "pro-vocador".

Volvamos a usar el vocativo.

Porque el Evangelio es provocativo, o no es nada.

Debe generar una "re-spuesta" en el oyente, no solamente una reflexión inocua o una afirmación teórica. Cuando digo respuesta no me refiero al clásico llamado de campaña, pero sí a una reacción. Como estos primeros oyentes, cuya reacción fue una pregunta: *"¿Qué debemos hacer?"*. Ni siquiera Pedro les dijo lo que tenían que hacer. Fueron ellos, los oyentes, los que preguntaron. Ojalá fuera así en nuestros sermones actuales, cuando damos testimonio, cuando nuestra vida comunica de Jesús.

Nuestro día a día en el Evangelio debería generar interrogantes en las personas que nos rodean. Debemos ser "pro-vocativos", como nuestro mensaje. El Evangelio es la pregunta, no debe ser la última palabra, sino la primera.

Porque las palabras de Pedro "con-movieron". De eso se trata, de movilizar. Como lo hacen las buenas preguntas, para activarnos, despertarnos. Así es el evangelio. Así es la invitación al baile de interrogantes y respuestas.

La vez que reprobé mi examen, con 17 años, fue porque traduje mal el verbo central de la frase. Era un texto de Julio César, donde él decía: "Luchad". Un verbo en imperativo, una orden. Y se escribe con "d". Yo sabía que era una orden, pero lo puse en infinitivo: "Luchar".

¡Una letra, desgraciado! (eso es vocativo) Mi profesor, Emilio Salazar, me quería mucho, pero me puso el cuatro y si quería aprobar debía escribir mil veces: "el imperativo de luchar es luchad, el imperativo de luchar es luchad...". Lo hice, mi orgullo estaba en juego y aprendí una lección para siempre.

El Evangelio es un ruego directo al prefrontal, imperativamente directo: arrepiéntanse, bautícense, es provocador. No podemos darnos el lujo de quedarnos en el mundo de las ideas, no podemos cometer el error de no hacer las preguntas correctas, de no interrogar a la sociedad como debemos, de no interpelarla con el mensaje siempre bueno, siempre nuevo, del Evangelio. Escríbelo mil veces si hace falta. Hasta que tu vida sea así.

EL EVANGELIO ES PROVOCATIVO O NO ES NADA.

Aquel día, en aquel examen, después del amén, Pedro tuvo un trabajo más arduo que el mío. Tuvo que bautizar tres mil veces. Espero que con ayuda.

Ese día, en aquel lugar, comenzó la Iglesia, la "eutopía" provocadora que cambió el mundo y lo sigue haciendo.

EL TRILEMA DE CLIVE Y SHERLOCK HOLMES

"Si buscas la verdad, podrás encontrar confort al final; si buscas confort, no encontrarás ni verdad ni confort".

C.S. Lewis

Como Sherlock Holmes, el famoso personaje de Sir Arthur Conan Doyle, hemos sido llamados a indagar las pruebas que la vida nos ofrece para encontrar en ellas respuestas convincentes. No tenemos una fe a la cual no se pueda llegar por los indicios. Todo lo contrario. La proclamación del Evangelio es la afirmación de que nuestra fe es razonable. La pregunta es si estamos dispuestos a buscar la verdad y no solo nuestro confort.

Y de nuevo, Jesús es la pregunta. C.S. Lewis planteó un trilema acerca de Jesús al que todos debemos dar respuesta y que ya mencioné en el Episodio II. Para terminar este episodio de interrogantes y respuestas no imagino un final mejor. Hablando acerca de lo que la gente cree acerca de quién es Jesús de Nazaret:

"Podéis hacerle callar por necio, podéis escupirle y matarle como si fuese un demonio, o podéis caer a sus pies y llamarlo Dios y Señor. Pero no salgamos ahora con insensateces paternalistas acerca de que fue un gran maestro moral. Él no nos dejó abierta esa posibilidad. No quiso hacerlo".[5]

¿Era un loco, un mentiroso, o era el Hijo de Dios? Hace tiempo esta pregunta provocativa me llevó a acercarme a Él. Y di mi Respuesta. Mi vida.

Sherlock Holmes era un experto en resolver dilemas, interrogantes, siguiendo los indicios y las pruebas que observaba. En la novela de 1890 *El Signo de los Cuatro*, el protagonista nos enseña una máxima que nos puede ayudar a dar respuesta a este interrogante para resolver el caso:

"Cuando todo aquello que es imposible ha sido eliminado, lo que quede, por muy improbable que parezca, es la verdad".

ENCUENTRA MATERIAL EXTRA EN: WWW.E625.COM/JELP

5 Lewis, C.S. *Mero Cristianismo*. Ediciones RIALP. Alcalá, España, 2005. (Mere Christianity, 1942). Pág. 69

EPISODIO VI

IGLESIA INCÓGNITA

¡Ha resucitado!

Y esa realidad puso en entredicho absolutamente todo.

Esa resurrección desde el lugar más oscuro, la muerte, la tumba, dio inicio al movimiento que cuestionaría todo: la Iglesia. La Ekklesia, llamados afuera, los "open mind", los que no estaban cerrados de mente, creyendo que la tumba tenía la última palabra. "Los del camino", les llamaban en el siglo I, dinámicos, subversivos, nunca quietos, interrogándose acerca de todo una vez más, redefiniendo la teología, dada la revelación de Jesús de Nazaret, que es la pregunta que desde los cielos vino a la tierra para activar nuestras vidas.

La Iglesia, con nuevos valores que ponían patas arriba las doctrinas hasta entonces conocidas, religiosas y seculares.

La gente los veía y hacía preguntas, su sola presencia descolocaba a todos. Eran como Jesús, se llamaban el cuerpo de Cristo. Una pregunta multiplicada por cada uno de los miembros, los "inter-rogantes" iban surgiendo por todas las partes del imperio, y un nuevo Reino se establecía, como la levadura que leuda toda la masa, la sal de la tierra, la luz de todo el mundo; la Iglesia había nacido, para quedarse. Con una misión clara: cuestionar el sistema, transformarlo, y proponer una manera distinta de vivir. Predicar el Evangelio, las buenas nuevas, dar la noticia más esperada: ¡ha resucitado! ¿Qué? Todo: Jesús, la esperanza, el propósito, el amor, la fe, la justicia, la sabiduría, el ser humano, la creación entera, yo. Nos había sido encomendado el mensaje más potente que existe.

Pero la Iglesia ha sido cuestionada, somos cuestionados. La Iglesia está pensándose a sí misma en este siglo, y quiere cumplir con su misión. Desde afuera es "des-preciada", denostada, y tergiversada. Jesús ya nos dijo que sería así. Y que seríamos por ello bienaventurados. Otra paradoja a la que nos invita nuestro Señor. Ella sigue siendo una incógnita: no conocida. Muchas veces está tapada, otras, maquillada, tímida, o arrogante.

Permíteme hablar de la novia de mi mejor amigo.

LA COMUNIDAD DE LA DUDA

"La cultura líquida moderna ya no siente que es una cultura de aprendizaje y acumulación, como las culturas registradas en los informes de historiadores y etnógrafos. A cambio, se nos aparece como una cultura del desapego, de la discontinuidad y del olvido".

Zygmunt Bauman

"Cuando lo vieron, lo adoraron, aunque algunos no estaban completamente convencidos de que en realidad era Jesús".

Mateo 28:17

La Iglesia, desde sus inicios, ha convivido con la duda. Lo adoraban, daban la respuesta correcta, aunque algunos dudaban. Sí, se pueden hacer las dos cosas a la vez.

Cuando la Iglesia está segura de todo, con todas las respuestas sistematizadas, no necesita fe. La fe solo es útil en el contexto de la incertidumbre. Y, de paso digo: sin fe es imposible agradar a Dios. La fe no es necesaria para caminar sobre algo sólido, pero sí para caminar sobre las aguas, un líquido.

El contexto de la Iglesia es la incertidumbre, la aventura, el lugar inexplorado. Las fronteras del Reino de los cielos, las puertas del Hades.

Y hoy más que nunca la Iglesia vive en un entorno inseguro, líquido.

Zygmunt Bauman acuñó el término modernidad líquida, sociedad líquida, amor líquido para definir el actual momento de la historia en el que las realidades sólidas de nuestros abuelos, como el trabajo y el matrimonio para toda la vida, se han desvanecido. Y han dado paso a un mundo más precario, provisional, volátil, ansioso de novedades y, con frecuencia, agotador. Un mundo que Bauman supo explicar como pocos.

Hoy la mayor preocupación de nuestra vida social e individual es cómo prevenir que las cosas se queden fijas, que sean tan sólidas que no puedan cambiar en el futuro. No creemos que haya soluciones definitivas y no solo eso: no nos gustan. Sufrimos crisis por no cambiar lo suficiente, todo ocurre a gran velocidad; lo novedoso es lo bueno, siempre, nuevas relaciones, nuevas oportunidades, nada es para siempre, la única constante, es el cambio, diría el filósofo griego Heráclito.

La sociedad actual nos demanda que estemos siempre listos para cambiar. Esto creó una situación líquida, como un líquido en un vaso, en el que el más ligero empujón cambia la forma del agua. La adaptación es la norma. Andar sobre las aguas no es opcional. Porque no hay barca.

EL CONTEXTO DE LA IGLESIA ES LA INCERTIDUMBRE, LA AVENTURA, EL LUGAR INEXPLORADO.

Atrás ha quedado la modernidad sólida, la que lo tiene todo claro, con un camino trazado a priori. La física cuántica ha demostrado que nada está claro, que hasta las cosas más sólidas son en realidad, energía en movimiento.

Y en medio de esas aguas, la Iglesia.

En medio de *"una cultura del desapego, de la discontinuidad y del olvido"*, la Iglesia tiene una oportunidad de oro: hacer una contracultura que brille aún más por contraste. Porque nosotros somos llamados a ser una cultura del apego, de la continuidad y del recuerdo: del amor, de la esperanza y de la fe.

El arca en medio del diluvio cultural.

Pero eso no significa que estemos seguros de todo. Somos la comunidad de la fe, porque somos la comunidad de la duda. De los que caminan sobre las aguas, que seguimos, como Iglesia, preguntándonos cómo navegar en medio del cambio constante.

Donde el desapego reina, nosotros proponemos que el amor a Dios y al prójimo no son negociables; en lugar de la discontinuidad, creemos en una narrativa que tiene sentido, donde nosotros podemos continuar el legado de nuestros padres y dejar un legado para el futuro; donde el olvido del ayer se suma al consumo de la novedad –que también pronto será desechada por una novedad más reciente–, nosotros recordamos que lo valioso perdura para siempre, y soñamos con crear, no productos de consumo instantáneo, sino culturas eternas.

La Iglesia no conocida, hoy más que nunca, puede ser la comunidad que ponga en duda lo que todos los demás dan por hecho. No podemos estar firmes sobre las aguas.

Pero nuestro Señor dijo: "Ven".

"La iglesia obsesionada con la seguridad carece de la dinámica interna para fomentar un profundo impacto misional en nuestro tiempo".

Alan Hirsch

LA IGLESIA EN LABIOS DE JESÚS

"Tú eres Pedro, y sobre esta roca edificaré mi iglesia, y los poderes del infierno no prevalecerán contra ella".

Mateo 16:18

Solo aparece en el evangelio de Mateo, en dos ocasiones. Nada más. ¿Y si la Iglesia se ha complicado demasiado? Si destilamos su esencia, desde las palabras de Jesús encontraremos que ella es básicamente una comunidad en misión basada en el perdón.

Una Iglesia líquida, que quepa en otras formas, pero que mantenga su esencia. Porque lo importante es que el que tenga sed, beba.

"... edificaré mi Iglesia". Para seguir edificando la Iglesia de Jesús no queda más remedio que volver a Jesús. A la pregunta, a la esencia. Porque la Iglesia avanza volviendo a Jesús. Él nos dijo que hiciéramos discípulos, no que edificáramos la Iglesia, a eso lo haría Él. Pero como siempre, lo hacemos al revés.

Hoy en día, nos obsesionamos con nuevas estrategias para edificar la Iglesia, modelos de "iglecrecimiento", siempre con nuestra obsesión de tenerlo todo claro, ordenado, matemático, según la fórmula, todo bien sólido, como la modernidad. Pero eso ya no encaja. Porque lo importante no era la forma del cáliz, del santo grial, sino lo que contenía, el vino, la sangre de Jesús.

Nosotros hagamos discípulos, con el perdón como bandera, y Él edificará su Iglesia. La única manera de que la Iglesia incógnita se mantenga fiel a Jesús, es volviendo a Jesús, que Él cuestione siempre lo que hemos hecho hasta ahora. Siempre.

Volver a Él. Que sus labios nos interroguen. La Roca, Jesús, es la única solidez con la que podemos contar para seguir edificando.

Ser fundamentalista es tener claros los fundamentos, los no negociables. Y desde ellos, saber lo que sí es negociable. ¿Qué es lo importante? San Agustín nos dirá:

"En lo esencial unidad, en lo dudoso libertad, en todo caridad".

Pero como dice C.S. Lewis, no pasa mucho tiempo en una discusión entre dos cristianos hasta que comienzan a discutir entre cuál es el tema importante, lo fundamental, el fundamento.

Pablo, como siempre, es meridianamente claro:

"Porque nadie puede poner otro cimiento que el que ya está puesto: Jesucristo".

1 Corintios 3:11

En la Iglesia primitiva, esa Iglesia incógnita, con todo por descubrir, no tenían todo claro, solo algunas cosas, eran muy líquidos, pan y vino, bautismo, mesas para comer, orar, compartir, hacer el bien... Pero ni siquiera tenían un libro en común, pero tenían todas las cosas en común.

En el Nuevo Testamento vemos diferentes énfasis teológicos expresados en las distintas iglesias locales. No se peleaban acerca de asuntos teológicos que solo afectan a aquellos que no están en misión, sentado en la torre de la sabiduría.

Tenían el fundamento claro: Jesús, y todo lo que desde Él se podía conocer. Desde Él se despejaban las incógnitas de todo lo demás. Volver a Jesús hoy significa también ser, en parte como esa Iglesia, no tenerlo todo claro, sino algunas cosas, el fundamento, lo demás, la reflexión teológica en torno a Jesús de Nazaret, forma parte de nuestro diálogo, ese lugar dudoso donde San Agustín nos anima a la libertad, a explorar, siempre y cuando haya unidad en lo esencial, en lo fundamental, es decir, Jesucristo.

La Iglesia del futuro será una Iglesia más humilde en sus planteamientos, más diversa en sus expresiones, con más claridad en su exposición de Jesús al mundo, más segura de su fundamento, y con más libertad en lo demás. Más sencilla en sus formas y más viral en su alcance, con menos certezas, pero con más poder del Espíritu Santo.

Y quizá, con más expresiones de iglesia pequeña, en torno a una mesa, con grupos reducidos, donde nos vemos las caras, pero alcanzando así a multitudes. Con apego, continuidad y el recuerdo de cómo Jesús vivía su vida de comunidad.

Este mundo relativista, más que nunca debe encontrarse con una Iglesia anclada en la Verdad, es decir, Jesús. Añadirle otros fundamentos sería no ser fundamentalista. Añadirle a Jesús, sería restarle. Volver a Jesús es sumar a la Iglesia para que, de nuevo, de su vida, de su boca, encontremos sentido y propósito a la comunidad de perdón en misión que hemos sido llamados a ser.

La Iglesia, en labios de Jesús, es la Palabra de Dios para este mundo; solo así, la Iglesia puede ser, también, la pregunta al mundo.

Y solo así, el mundo podrá *responderLe*.

E-PÍSTOLAS: DISPARANDO A TODAS PARTES, CON TAL DE DAR A ALGUNO

Pablo de Tarso tenía mucho trabajo acumulado. Y disparaba preguntas a todos los rincones del imperio romano con sus cartas. Hoy se le conoce como un sabio, un escritor; nos lo imaginamos sentado escribiendo, o dictando sus principios paseando alrededor de una habitación mientras Tercio escribía lo que decía el apóstol de la gracia a los romanos. Un teórico de la fe que ha trascendido hasta hoy, porque escribía para la historia de la humanidad.

Pero no.

Pablo no podía estarse quieto, andaba ajetreado. Sabía sacar tiempo para orar, escuchar a Dios e intentar enfrentar los imprevistos. Era, sobre todo, un hombre de acción. Su teología bebe de su praxis y viceversa. Sabía bailar en esa combinación, y su ancla, Cristo, le ayudaba a cuestionarse todo lo demás. Incluida la eclesiología. Porque estaba en misión.

Había fundado comunidades de fe alrededor del Imperio Romano, y ninguna de ellas era perfecta. Cada una enfrentaba desafíos, dudas, pecados, persecución, liderazgo tóxico, discusiones... Y comunicaban a Pablo sus preguntas e interrogantes. Y Pablo, en medio de la misión sacaba tiempo para contestar cada una de las dudas de sus hijos.

Cada iglesia tenía dificultades particulares y por eso eran expresiones de iglesia distintas las unas de las otras. Y eso es perfecto y bello. La Iglesia no tiene una única expresión válida, sino muchas, dependiendo no solo del fundamento, Cristo, sino el contexto donde se construya.

Por eso en sus cartas trata temas diversos y puede dar respuestas diferentes a cada comunidad.

Porque no es necesario que todas las iglesias tengan el mismo sistema de liderazgo, ni la misma manera de celebrar la mesa de Jesús, ni cenar siempre lo mismo, ni cantar las mismas canciones, ni predicar de la misma manera, ni vestirnos todos igual. Mucho menos tener la misma liturgia. Todo dependía de la misión. La frase técnica de lo que quiero decir sería:

La eclesiología emana desde Jesús, el fundamento, y desde la misionología, el contexto.

En medio de esas dos realidades crece la Iglesia como una preciosa síntesis de estos dos polos. Es el pontifex que conecta los dos extremos. Jesús no cambia, es y será siempre el mismo, pero el contexto sí cambia, por eso las iglesias también cambian y son, deben ser, diferentes unas de otras; incluso ellas mismas son diferentes a lo largo del tiempo. Deben serlo.

La Iglesia incógnita, solo se puede conocer en un lugar concreto, y verás que es diferente a todas las demás, pero a la vez, forma parte del mismo cuerpo, y apunta a la misma meta, la misma cabeza, Jesús:

LA IGLESIA NO TIENE UNA ÚNICA EXPRESIÓN VÁLIDA, SINO MUCHAS.

"Más bien, al vivir la verdad con amor, creceremos y cada vez seremos más semejantes en todo a Cristo, que es nuestra Cabeza. Por lo que él hace, cada una de las partes del cuerpo, según el don recibido, ayuda a las demás para que el cuerpo entero y unido crezca y se nutra de amor".

Efesios 4:15-16

¿Y si dejáramos de ver las diferencias como un problema y fueran un valor añadido, una ventaja estratégica orquestada por el mismo Dios? ¿Y si aplaudiésemos las innovaciones, las maneras diferentes de actuar en cada iglesia local y confiásemos en que el mismo Espíritu que nos inspira a nosotros inspira a los demás hermanos?

La Iglesia incógnita, para darse a conocer, se viste para la ocasión. Y así debe ser. ¿Por qué?

"Aunque soy libre de todos, de todos me he hecho esclavo, para ganar a cuantos sea posible. Cuando ando con los judíos, soy como uno de ellos para ganarlos; lo mismo hago cuando estoy con los que se someten a la ley de Moisés. Cuando estoy con los que no viven bajo la ley, vivo como ellos (aunque yo siempre estoy bajo la ley de Cristo), con miras a que crean.

Cuando estoy con gente débil de conciencia, me hago como ellos también con el propósito de que crean. En otras palabras, trato de acomodarme a todas las personas a fin de salvar algunas de la manera que sea posible. Hago todo esto por amor al evangelio, para participar de sus frutos".

1 Corintios 9:19-23

Esa es la Iglesia, contextualizada y contextualizándose siempre. Disparando hacia todas partes, de maneras diferentes, por amor al evangelio. Pero para ello, no es suficiente interrogar al Dios de la misión, sino también a la misión de Dios. Y ser el puente.

No pretendamos sistematizar las epístolas; son disparos concretos a lugares concretos. Dejemos que sean ellas mismas, con sus particularidades, tensiones y resoluciones, sus teologías y praxis, porque no son estáticas, son una manifestación de justo lo contrario, un dinamismo que debería caracterizarnos alrededor del mundo.

ZEITGEIST, DE INCÓGNITO

Cuando escribes la palabra discipulado en el Word, el procesador de textos de Microsoft, lo corrige y escribe "disimulado". Lo acabo de hacer. Es genial. Una parábola tecnológica de la dinámica de la Iglesia. Benditos algoritmos.

Jesús nos mandó ir y hacer discípulos. La acción que debería caracterizar a la Iglesia, ¡no existe en castellano! Algo hemos hecho muy mal. Deberíamos, con todo el cariño del mundo, cuestionarnos como Iglesia.

Como hizo Juan en sus siete disparos a las siete iglesias de Asia, en el libro de Apocalipsis. Cada una de ellas tenía unas necesidades, un diagnóstico, unas carencias y unas virtudes, muy concretas. Se encuentran entre Apocalipsis 2 y 3. Aquí te va el menú:

La iglesia de Éfeso, de la famosa carta a los efesios, había perdido su pasión inicial, su primer amor.

La de Esmirna sufría persecución y la de Pérgamo necesitaba arrepentirse.

La de Tiatira tenía una falsa profetisa o predicadora que distorsionaba la verdad y la iglesia en Sardis se había quedado dormida.

La iglesia en Filadelfia tenía mucha paciencia y la de Laodicea estaba tibia.

Los desafíos del discipulado en cada caso eran únicos y sus soluciones, advertencias y recompensas, también.

Estas iglesias fueron cuestionadas por la propia Palabra de Dios. Y eso era bueno para ellas. Para seguir siendo fieles en el momento que les tocaba vivir. Esa denuncia profética es necesaria.

Pero nuestro sistema eclesiológico, por alguna razón, rechaza o expulsa a los innovadores, a los que ponen en cuestión lo que hasta ahora se había hecho. Por eso, muchos de los jóvenes más talentosos que quieren servir al Señor, terminan haciendo "ministerio" fuera del radio de iglesia local. Perdemos a los mejores por culpa de unas estructuras limitantes que premian la falta de movimiento y penalizan el cambio. Aplaudimos el establishment sacerdotal y condenamos el dinamismo profético que podría impulsarnos al futuro. Como el Apocalipsis.

Somos como el Word, que nos autocorrige lo que realmente queremos decir, está acostumbrado a unas normas. Pero podemos cambiarlas.

Ojalá esos innovadores, profetas, puedan hablar con autoridad en nuestras iglesias locales, leyendo también el *zeitgeist*. Esta palabra alemana significa "el espíritu del tiempo". Se refiere al clima intelectual y cultural de un momento determinado.

Zeitgeist es la experiencia de un clima cultural dominante que define, una era en la progresión de una persona o el mundo entero. Muy hegeliano.

Por eso, no solo debemos escuchar al Espíritu que habla a las iglesias, sino también discernir cuál es el *zeitgeist* al que nos enfrentamos. ¿Cuáles son los temas que hoy en día son trending topic cultural y se repiten vez tras vez, país tras país? ¿Cuáles son los temas que hoy en día le importan a la gente y están redefiniendo la cultura? ¿Cómo puede la iglesia formar parte e intentar ser una voz profética en medio de ese clima? La iglesia debe dejar de estar de incógnito, y comenzar a pronunciarse, para ser una alternativa espiritual a los espíritus que quieren marcar la historia.

Como iglesia, también debemos reflexionar acerca de la doble escucha que plantea John Stott: primero nuestro deber es escuchar a este mundo líquido para intentar comprender cuáles son los asuntos relevantes que se deben tratar, su *zeitgeist*, las necesidades profundas de la cultura que nos rodea. En segundo lugar, tenemos el deber de escuchar la fe, inmutable, desde Jesús, desde Su Palabra, nuestro fundamento, para saber cuál es el mensaje que debemos comunicar. Por último, nuestro deber es construir un puente como iglesia entre esos dos extremos. Debemos comprender el mundo que nos rodea a través de la Biblia, y la Biblia a través del mundo que nos rodea. Y ser iglesia. Ser "los del camino".

Es un camino de ida y vuelta, cruzando el puente.

Para ello, hagamos de "discipular", un verbo central en nuestro hablar y en nuestro hacer. Que Word no nos corrija nunca más.

MARTY MCFLY, MARTIN LUTERO, MARTIN SCORSESE

"Supongo que ustedes no están preparados para esta música. Pero a sus hijos les encantará".

Marty Mcfly, Back to the Future.

Mi hijo se llama Martín. Cuando me preguntan por qué, doy diferentes respuestas dependiendo del contexto. Me contextualizo. Por Martín Lutero, porque fue engendrado en el 500 aniversario de la Reforma y en recuerdo a Martin Luther King... Y entonces los pastores aplauden y me miran con aprobación. Por Martin Heidegger y Martin Buber, dos filósofos que han definido buena parte del pensamiento del siglo XX y XXI... Y los pensadores a los que hablo reflexionan y asienten en silencio. Por el dios romano de la guerra, Marte, el planeta que quiero llegar a visitar algún día, por Martin Scorsese, uno de mis directores de cine favoritos y por Marty McFly, de *Back to the Future*... Y entonces mis amigos saben que todo lo anterior puede ser verdad, y ríen.

La Iglesia es así por muchas razones, se adapta, y aunque ha sido denostada durante la historia, su capacidad de autorregulación, reforma, ajuste y transformación parece no tener límites. Y sigue siendo *ella*, aunque debe vestirse para la ocasión, constantemente, y adaptarse a su edad.

Y siempre volver al futuro. ¿Puedes oír en tu mente la banda sonora de esta extraordinaria trilogía?

En la esencia de la Iglesia está el ser transversal, líquida, permeable, y permeabilizadora, con capacidad de filtrarse en todos los estamentos, en todo ser humano, en toda ideología.

"Ya no importa si eres judío o griego, esclavo o libre, hombre o mujer.
Todos ustedes son uno solo en Cristo Jesús".

Gálatas 3:28

Seamos transversales y permeables en lo étnico. Somos apátridas por definición. Nuestra patria está en los cielos. Somos peregrinos, el cristianismo es camino. Solo tienes que observar los focos centrales del cristianismo durante la historia. El resto de creencias son estáticas. La fuerza del islam sigue principalmente donde empezó, la del hinduismo sigue teniendo su mayor fuerza en la India, así como el budismo. Pero el cristianismo comenzó en Judea y Galilea, pero extendió sus focos hasta que el centro fue Roma, que se extendió por Europa con nuevos auges, hasta que se trasladó a Estados Unidos... No es tan lineal, pero te haces una idea.

Hoy en día, los focos del cristianismo que arden con más fuerza, están en los continentes del sur y países como China. Seguimos peregrinando, somos transversales étnicamente. Nuestras comunidades deberían reflejar esta realidad, como la Iglesia de Antioquía, en el siglo I, que entre sus líderes tenían a uno apodado Níger: "el Negro". Comunidades con inteligencia multicultural e imparables, con menos sesgos culturales que el resto de organizaciones porque aprendemos unos de otros.

Transversal en las clases sociales, las edades, los sexos. La iglesia no puede ser un lugar de ancianos, o de jóvenes. No. Es para todos. No es un lugar para que se desarrollen los hombres solamente. No. Tampoco es solo para los pobres, ni solo para ricos. no, es transversal. Y la voluntad de Dios es que convivamos en esas comunidades juntos.

Por último, transversal en lo político, Dios no es de ningún partido en concreto, no se debe a ninguno. Es, en un sentido, de todos.

En su mesa, aquella última noche, se sentaron un colaboracionista imperial, Mateo, y un zelote nacionalista; un traidor y uno al que le asaltaban las dudas. Que Dios nos ayude a desligar a la Iglesia de esa supuesta deuda política; cada vez que la Iglesia se ha casado con la política se ha equivocado. Ha dejado de ser transversal.

Oro para que, en mi iglesia local, una noche, en torno a la mesa de Jesús, se sienten hermanos en la fe, llenos del Espíritu Santo, con afiliaciones políticas diferentes, de todo el espectro político, que han sido llamados por Dios para filtrar el mensaje del evangelio a toda ideología para redimirla.

Si eso se lograse, estaríamos trayendo su cielo a nuestras tierras. Creo que el mundo está esperando una Iglesia así.

La creación está ansiosa por conocer la Iglesia incógnita.

> *"... pues la creación aguarda con ansiedad el día en que se manifieste que somos hijos de Dios".*
>
> *Romanos 8:19*

No sé si estamos preparados para tocar esta obra maestra, pero espero que a nuestros hijos les encante. Por Martín,

"Volvamos al futuro".

LA IGLESIA PARADÓJICA

> *"Dios sin nosotros no quiere, nosotros sin Dios, no podemos".*
>
> *Desmond Tutu*

> *"La Iglesia es santa, pero, sin duda, sus miembros son muy pecadores".*
>
> *Matilde Asensi*

Ella es como su Salvador, su Redentor. Al menos quiere serlo, porque lo admira. Pero aún no lo ha logrado. Pero eso sí, es paradójica, como su Señor. Es humana, pero es un proyecto divino; es local y global; ya ha vencido, pero todavía no.

Es un proyecto imposible, pero necesario y con un final feliz. Es perfecta, pero siempre reformándose; es la novia de Cristo, pero en muchas ocasiones se prostituye. Quizá es vieja, pero sin arrugas. Conservadora, pero extremadamente progresista. Ha cometidos todos los pecados que era posible cometer, pero es santa.

Está en el mundo, pero no es del mundo. Está para el mundo, pero el mundo la aborrece. Está enamorada, pero a veces se le olvida; en ella caben todos, pero no cualquiera. Cristo la ama, pero ella no siempre corresponde.

Está llamada a ensuciarse las manos sin mancharse el corazón, a llorar con esperanza, y a reír en medio de la tristeza.

ES LA NOVIA DE CRISTO, HA COMETIDOS TODOS LOS PECADOS QUE ERA POSIBLE COMETER, PERO ES SANTA.

Bienaventurada si la persiguen, en alerta si la alaban. Poderosa en los márgenes y en la humildad, pero cuando ostenta el poder se debilita. Con Dios, no existe mayor fuerza para el bien en la Tierra. Sin tener en cuenta a Dios, su capacidad para el mal tiende a infinito. Es única, universal, pero diversa y multiforme, como la gracia que le dio a luz.

Avanza recordando, se retrasa cuando quiere avanzar demasiado rápido. Es valiente hasta la muerte, pero se acobarda sin amenazas. Ha nacido para estar al aire libre, y ser libre, pero se encierra en prisiones de oro con su nombre en los frisos. De rodillas es grande, si se exalta a sí misma, termina humillada. Su razón de ser son aquellos que no forman parte de ella, y los que forman parte de ella, son llamados a salir de su regazo para seguir con su legado.

No sabe cuándo volverá su Señor, pero confía en que "vendrá pronto". Está llamada a esperarle, pero también a clamar "Maranata". Tiene el mensaje más importante de la historia, pero a veces cree que no sirve para nada. Debe buscar a los perdidos, pero a veces son los perdidos los que deben buscarla.

Es sal de la tierra y luz del mundo, pero a veces sale del mundo y pone su luz en la tierra. Es subversiva, pero a veces parece acomodada. Los hombres quieren aprovecharse de ella, pero ella, ni aun así los abandona. Está siempre a una generación de desaparecer, pero es eterna.

Es *respuesta* para el mundo. Pero es incógnita.

ENCUENTRA MATERIAL EXTRA EN: WWW.E625.COM/JELP

EPISODIO VII
DIÁ-LOGOS

Platón escribió una serie de obras llamadas "Diálogos", donde se utiliza esta forma de comunicación de ida y vuelta para exponer las ideas de Sócrates, su maestro, en la dinámica de una conversación. Este formato tan potente ha modulado, transformado y determinado el pensamiento occidental. El mito de la caverna sigue tan vigente hoy como hace dos mil trescientos años.

Los diálogos están llenos de preguntas, de respuestas, de dudas y aclaraciones, de reexplicaciones, controversias, interrupciones, ángulos diversos, ejemplos prácticos... Es extremadamente pedagógico, porque hemos nacido para formar parte de diálogos, como seres gregarios y tribales que somos. Nos encanta formar parte de la conversación. Preguntar, contestar, responder. El tiempo se pasa volando cuando el tema es interesante, te sientes parte de él, y amas a las personas con las que hablas. Es explosivo.

EL DIÁLOGO ES LA HOSPITALIDAD HECHA PALABRA.

El diálogo es la hospitalidad hecha palabra.

Cuando preguntamos, ponemos la mesa de la conversación, dejamos de tener un monólogo unidireccional y comienza el día, el diálogo, de ida y vuelta, una relación.

Dios es el Dios que dialoga, desde la eternidad. Él es el Logos. Permíteme en este último episodio poner la mesa, pan y vino, y lo que quieras. Lo importante no es lo que haya para comer, sino los comensales.

Creo que hay más Iglesia en una mesa en el nombre de Jesús, que en muchos de nuestros eventos y encuentros enlatados donde solo nos vemos la nuca. Oro para que nuestra cultura de Iglesia pase del monólogo (algo que nunca existió en Dios, pues Él es trino, es comunicación, se dan gloria unos a otros) al diálogo. Que podamos conocer la iglesia incógnita y comunicativa, que nos está esperando. Los buenos diálogos, donde reinan el amor y la verdad, transforman el mundo entero.

En torno a una mesa, en torno a diálogos (añádele un buen café, pero es opcional), han empezado todos los cambios significativos que las culturas han experimentado. Cualquier movimiento que ha transformado la historia, ha revolucionado el mundo, ha hecho caer imperios y elevar otros, en sus inicios solo era un enjambre de pensadores dialogando confiada y creativamente.

No es por un monólogo motivador solamente, por lo que se moviliza a las multitudes. Eso no quiere decir que no podamos tener extensos discursos, me encanta la predicación, "ex-poner" quién es Jesús, qué hace, por qué... Pero hemos puesto toda nuestra confianza en "la predicación" unidireccional, como única manera de hacer crecer la Iglesia y ser como Jesús, olvidando que Jesús es la pregunta, con todo lo que ello implica.

Este libro es un discurso largo que está llegando a su fin, un sermón, si se me permite. Pero si no hay una respuesta, es un discurso vacío. Estamos acostumbrados a que el Sermón sea la última palabra, que no haya nada más que decir.

Por eso, para terminar, quiero empezar. Quiero "pro-ponerte" algo:

SERMÓN: LA PRIMERA PALABRA

Todos queremos tener la última palabra y zanjar el tema, el que sea. Nos encanta sermonear. Es increíble cómo un término tan precioso como la palabra sermón hoy tenga connotaciones tan negativas. Es, sin duda, culpa nuestra, de los cristianos, de los predicadores. Hemos querido ser los últimos en hablar: ¡Palabra de Dios! ¡Y no se hable más!

¿No se hable más? ¿Cómo que no? La verdadera Palabra de Dios lo que busca es que se hable más.

El sermón debería ser un impulso para la vida, una invitación, debería empoderar a los oyentes, incomodarlos, generar una reacción. Debe ser como una pregunta. No terminar con un punto final, sino con puntos suspensivos...

Predicar es sembrar, es lo primero, es el arte de convertir información en potencia, en vitalidad. Y dijo Dios... Eso es el inicio en Génesis. Y el final son millones de millones de personas diciendo cosas en Apocalipsis.

La conversación, el diálogo, se amplía y se multiplica. Dios sembró la Palabra, y dará su fruto con millones de personas cantando, hablando. Todo un diálogo cósmico.

Nosotros sembramos la palabra, y el resultado no es lo mismo que sembramos. Un árbol no se parece en nada a la semilla, pero brota de ella.

No queremos clones, no estamos llamados a duplicar información, sino a dar fruto y que nuestro fruto permanezca. Que el ADN se combine, seguiremos siendo la misma especie, la misma familia, pero el diálogo engendra nuevas realidades que continúan con el legado, pero se expresan diferente. Que seamos multiformes, como su gracia.

Si no, estaremos condenados a repetir los mismos errores genéticos.

Que en nuestros contextos demos espacio a la participación colectiva, a partir el pan y "com-partirlo". Partir la Palabra y compartirla. Poco a poco, hasta llegar a millones de personas. Es una riqueza que no podemos desperdiciar. Un milagro que puede ocurrir, simplemente hay que dejar a Jesús hacer.

Porque Jesús lo hacía así. De hecho, nuestras predicaciones son básicamente la continuación de una conversación que empezó Jesús, La Palabra de Dios, y se desarrolló en los evangelios y las cartas. Y llega hasta hoy, el diálogo continúa, la reflexión continúa. Es nuestra Traditio, y no debemos parar como una presa las aguas que fluyen desde Jesús. Si se acumula demasiada de esa agua, igualmente el muro no aguantará, las aguas siempre encuentran su curso, su cauce para llegar al mar. La semilla de Jesús ha dado su fruto, sigue creciendo, y ahora hay más semillas que deben seguir siendo sembradas. También a través de los libros. Las aguas siempre encuentran su curso.

"La lectura es una conversación con los hombres más ilustres de los siglos pasados".

René Descartes

Y el diálogo continúa. No para que repitamos como loros argumentos pasados, sino para seguir escribiendo. Y que nuestro sermón de hoy, sea la catapulta para impulsar a otros a seguir fluyendo en ese diálogo divino, que se remonta más allá de los tiempos y que apunta hacia más allá de nosotros. Porque el verdadero liderazgo tiene la primera palabra, no la última.

"Antes que nada existiera, ya existía la Palabra, y la Palabra estaba con Dios porque aquel que es la Palabra era Dios".

Juan 1:1

LA MEJOR CANCIÓN DE MARCOS VIDAL

Conversar: del latín conversari. Vivir, dar vueltas, en compañía.

Necesito, con permiso del autor –al que tengo la suerte de considerar mi amigo–, transcribir toda la canción. Su poesía lo merece y, además, está llena de preguntas, ideal para ir acercándonos al ocaso de este libro:

Cada vez más violencia,
más maldad en la tierra.
Parece que el amor ha muerto
y la locura reina sobre la humanidad.
Jóvenes acabados,
niños abandonados
a precio de placer,
y decidiendo solo el interés.
¿Dónde quedan la justicia y la venganza?
¿Dónde quedan el castigo y la razón?
¿Por qué callas Tú Señor y nos olvidas?
¿Cómo puedes permitir tanto dolor?
Dime, ¿dónde está aquel Dios, el Dios de Elías
que de vez en cuando se dejaba oír?
¿Cuánto tiempo tardará aún tu Espíritu en venir?
Necios como niños,
torpes cachorrillos.
Cómo nos gusta jugar
y nos gusta preguntar
aquello que hace tiempo sabemos ya.
Dios aún sigue hablando,
sigue aún contestando,
y aquel que quiere oír
aún puede percibir su voz de amor.
¿Cómo puedo derramar yo de mi Espíritu
si mis hijos no se vuelven hacia mí?
Ahora cíñete como un varón valiente,
yo hablaré y tú me contestarás a mí.
¿Dónde están aquellos hombres como Elías,

que dejaron todo por seguirme a mí,
que rompieron compromisos con el mundo
solo por agradarme a mí?
¿Dónde están aquellos tres que en Babilonia
prefirieron ser quemados a ceder?
¿Dónde está aquel Daniel que me adoraba?
¿Dónde está la santidad de aquel José?
¿Dónde está ese niño que mató al gigante?
¿Dónde están los sucesores de Josué?
¿Dónde están esas mujeres entregadas como Ester?
Jóvenes acabados,
niños abandonados
a precio de placer,
y pagan inocentes
los errores de otros en el ayer.
Si mi pueblo se volviese y me buscase,
renovando así su entrega y su fe,
si me amasen como aman sus caminos,
si olvidasen los rencores del ayer,
yo abriría las ventanas de los cielos
y la tierra hoy vería mi poder.
Mientras tanto aún repito como antaño,
buscadme y viviréis.
Mientras tanto aún repito como antaño,
buscadme, buscadme, buscadme y viviréis.

Marcos Vidal, "Buscadme y viviréis". 1990

Me encanta ver versos en libros de poemas, porque es como una cascada de información; no ocupa toda la página de lado a lado, como lo estoy haciendo yo ahora. No. Es más bello, más espacioso, fluye mejor. Es la diferencia entre prosa y verso. Los versos son surcos, se derraman, giran, dan vueltas, son movimiento y cambio. Son bellos e inspiradores, es decir, provocadores.

Esta obra maestra de la lírica tiene ya treinta años, pero podría tener trescientos, o podría haberse escrito ayer. En un precioso diálogo entre Dios y el hombre.

Fue probablemente la canción que en mi infancia y adolescencia me motivó a componer. Mi padre la ponía en su cassette del coche, siempre. Y siempre, en este caso, no es una hipérbole: siempre es siempre.

El diálogo de esta canción no tiene desperdicio; habla acerca del problema del mal, de la responsabilidad humana, de la sociedad, de la Iglesia, las consecuencias de nuestras acciones, del aparente silencio de Dios, de cuestiones teológicas profundas... Y podría seguir. Es un sermón que nos invita a la acción. Verdades expresadas como se merecen: con belleza y con bondad.

Y su conclusión brilla, es brillante: *buscadme*... Es decir, sigan cuestionando, "quaestio", no se conformen a este mundo, sigan escribiendo, inspírense, déjense provocar por estos versos... y vivirán, formarán parte del diálogo eterno, serán un verso en esta narrativa. Podremos compartir de nuestro Señor, que es el Logos, la Palabra.

Escribir versos me encanta, es como seguir con la corriente y que fluya. Los versos son especialmente inspiradores. Que nuestros sermones sean versos que inspiren, no normas que limiten; que sean evocadores y provocadores, no encorsetados y llenos de clichés; que estén abiertos a la opinión, a la reflexión, como las enseñanzas de Jesús, a una segunda lectura, a un análisis que pueda destilar su riqueza, no a ser evidentes y simplones como las instrucciones para armar un Lego. Y que dejemos mucho espacio en blanco, para poder sumar a la conversación, para que más canciones se puedan escribir, para que la cascada siga cayendo y generando ese sonido precioso, indeterminado, pero que transmite paz y armonía.

Porque no hay nada más inspirador que los versos.

Quizá por eso, la Biblia es un conjunto de versículos, de versos...

Quizá por eso, no hay nada más inspirador que "con-versar".

Buscadme.

SUBTEXTO

Cuando comienza un diálogo debemos tener en cuenta lo que subyace a las palabras. Porque es lo más importante del diálogo.

Como psicólogo es parte intrínseca de mi trabajo. Leer el subtexto en la conversación.

Podemos verlo en multitud de lugares: películas de cine, y conversaciones tensas. El subtexto revela la verdadera intención detrás del telón, el verdadero significado de lo que está ocurriendo. Cuando Sherlock Holmes descubre el caso, todo encaja, todo se desvela. Hasta entonces, parece que solo hay cuestiones inconexas que deben ser interpretadas, relacionadas, porque aparentemente no tienen sentido. Como el dolor, el sufrimiento, la desesperanza. Un buen guion tiene un subtexto psicológico que lo sostiene.

Puedes estar viendo una película espacial, sobre el fin del mundo y los viajes a través de un agujero de gusano pero el subtexto, el tema central, es la relación de amor entre un padre y su hija, como *Interestelar*.

Esos pensamientos, sentimientos y motivaciones de los personajes de una historia que solo muestran en parte, es el subtexto. El contenido que subyace al diálogo explícito. Por debajo de un diálogo superficial puede haber orgullo, envidia, ira, culpa, remordimiento, resentimiento, malas intenciones, o buenas intenciones detrás de aparentes malas acciones.

CUANDO COMIENZA UN DIÁLOGO DEBEMOS TENER EN CUENTA LO QUE SUBYACE A LAS PALABRAS.

El subtexto son los pensamientos y motivaciones de los personajes que no se muestran de manera explícita. Y parte del juego es intuirlos, descubrirlos.

El subtexto es el contenido por debajo del diálogo hablado. Debajo de lo que se dice puede haber conflicto, ira, competencia, orgullo, soberbia u otras ideas y emociones implícitas. Por debajo de una discusión puede haber un subtexto que dice: "Te echo de menos", "Me siento incomprendido", "Quiero abrazarte" … Son los pensamientos no expresados y las motivaciones de los personajes, lo que realmente piensan y creen.

El guion que sostiene al guion.

También se suele utilizar para tratar temas controvertidos desde la ficción, a menudo mediante el uso de la metáfora. Solo tendrías que leer *Rebelión en la Granja*, de George Orwell, para comprender claramente lo que estoy hablando. Animales en una granja, pero en realidad está hablando de política internacional, de alto nivel. No son cerdos intentando ponerse a dos patas, es una crítica a los sistemas totalitarios que prometen libertad e igualdad, pero terminan en opresión e injusticia.

Especialmente a la luz de su carácter intrínsecamente ambiguo y autorreferencial, muchos autores también han utilizado explícitamente subtextos (o subtextos sobre subtextos) en el humor, de ahí su gracia. Hay mucha inteligencia en el humor y la imaginación.

Nuestra vida y nuestros diálogos están llenos de subtextos. Por eso es importante aprender a leerlos. Porque los diálogos importantes se dan en ese plano. También las preguntas.

Porque en las preguntas, en las cuestiones acuciantes de la vida, no podemos responder de manera superficial, no podemos darnos el lujo de contestar solo lo que oímos. Jesús es la pregunta, porque veía lo que otros no veían, leía lo que otros no podían leer, en el corazón del hombre, y también en las Sagradas Escrituras.

Jesús era un experto en leer el subtexto en las conversaciones. Sus parábolas son las historias más llenas de subtexto que conozco. La riqueza de sus diálogos y de sus exposiciones ha modulado, transformado y ha determinado el pensamiento del mundo entero.

"Ustedes han oído que se dijo..." ¿Recuerdas? Cuando hablamos del Sabat, Jesús lo que estaba haciendo era leer el subtexto de la Torá. En su discipulado leía el subtexto y era allí hacia donde dirigía sus versos, sus "con-versaciones".

Con algunos amigos llevo adelante un proyecto audiovisual, un lugar de diálogos, de entrevistas, como experimento pedagógico. Se titula: *Las Tres Tabernas*, inspirado en el versículo de Hechos 28:15:

"Los hermanos de Roma ya se habían enterado de nuestra llegada y salieron a recibirnos hasta el Foro de Apio y Tres Tabernas. Al verlos, Pablo le dio gracias a Dios y se animó."

Aquel lugar, después de una larga travesía, supuso para Pablo tener un corazón agradecido, y fue de ánimo, después del cansancio acumulado. *Las Tres Tabernas* representa ese lugar donde puedes hablar de lo que realmente importa, del subtexto, sin guiones que lo enmascaren, sin efectos especiales. Expresar el significado en crudo, de lo que no se ve, del alma. Y como experimento es genial. Durante las casi dos horas que suele durar el programa, mi intención es básicamente una: sacar a la luz el subtexto, porque sé que ahí es donde reside la verdadera "Palabra". El primero fue con Marcos Vidal, que por mucho tiempo solo fue la voz que salía de un cassette en el coche de mi padre. Siempre. Y tuve un diálogo con él. Y de ahí se han ido sumando.

El resultado ha sido genial; como ejercicio de enseñanza, el diálogo a ese nivel no tiene rival. Se suelen decir cosas más profundas e importantes que en otros contextos. La valentía crece, y baja la teatralidad, la sinceridad llega a niveles desgarradores y la profundidad de las afirmaciones es refrescante.

Y cuando lo pienso, me pregunto por qué no usamos más este formato para transmitir información, para aprender, en nuestros contextos de proclamación, de enseñanza bíblica, de liturgia de domingo, de procesos de discipulado... Porque hemos nacido para aprender y procesar dialogando. Platón lo sabía, Jesús lo sabía, por eso siguen teniendo discípulos, a varios niveles.

Y, por último, la Biblia; la Biblia y su subtexto. Puede parecer que se trata de un montón de leyes, o historias de la Edad de Hierro, de gigantes y pastores, o reyes, traiciones, y profecías. Animales que se pueden comer y otros que no. Un Mesías que salva, que muere en una cruz, que resucita y luego imágenes apocalípticas.

Pero quizá el tema central, el subtexto que vertebra todo, puede ser la relación de amor entre un Padre y su Hijo, y sus hijos.

LA COLINA DE MARTE

El nombre en sí ya es épico. Pablo se metió en la boca del lobo. Me encanta Hechos 17 y Atenas. Siempre ha sido un cuadro inspirador para mí.

Vivimos tiempos complejos, que es algo más que tiempos complicados, porque es difícil explicar lo que está pasando realmente y el ambiente cambia constantemente, los patrones son difíciles de dilucidar.

Todo está siendo cuestionado: los sistemas políticos, lo que significa ser humano, los sistemas económicos, la moral, la ética, las creencias, el valor de las naciones, la familia, la historia, la verdad, la posibilidad de conocer algo verdaderamente. Y todo se comenta en el areópago. En la plaza pública, sea internet, la literatura, las aulas universitarias, Twitter, la Real Academia Española o Netflix.

El areópago sigue vigente. El lugar donde se discutían las ideas en Atenas. La colina de Marte (o Ares), el Dios de la guerra. Una guerra de ideas, de ideologías.

Y no podemos acomodarnos y no pelear esta "buena batalla". Aunque sea un diálogo.

"Vístanse de toda la armadura que Dios les ha dado, para que puedan hacer frente a los engaños astutos del diablo, porque nuestra lucha no es contra seres humanos, sino contra los poderes, las autoridades y los gobernantes de este mundo en tinieblas; o sea, que luchamos contra los espíritus malignos que actúan en el cielo".

Efesios 6:11-12

Con un lenguaje bélico, Pablo, que jamás usó la violencia después de conocer a Jesús, nos invita a pelear. No contra personas, sino contra *"engaños astutos del diablo"*, del mal, de sofismas. Contra poderes, sistemas de pensamiento; "espíritus del mal" los llama, *zeitgeist* podríamos decir hoy si hablásemos alemán; ideologías, con voluntad propia, que se convierten en huéspedes indeseados en las mentes de los seres humanos.

Ídolos que prometen vida, y te exigen poseerte, pero que nunca te dan lo que prometen.

Y esta es la batalla más dura de todas, y la más peligrosa.

Y si esta es la buena batalla, es que hay batallas equivocadas o menos acertadas. Y me preocupa que estemos entrando en ellas y estemos golpeando al aire (1 Corintios 9:26). Necesitamos luchar con las ideas, con las ideologías, y estar preparados para el diálogo y la confrontación limpia. Desde el respeto a la persona, no es contra carne ni sangre, pero sin piedad frente a las "*idologías*".

Los cristianos somos fervientes defensores de cómo actuar correctamente, salimos a las calles para luchar por las leyes, por cuestiones políticas, y cuestiones moralistas, que son lícitas. Pero no atacamos la raíz del problema. Y tarde o temprano vuelve a surgir. Nos llevamos las manos a la cabeza porque una película para niños está trasmitiendo valores contrarios al Reino de Dios. Pero nunca nos hemos tomado la molestia de averiguar qué ideología subyace, qué "principado" es la fuente de esa idea, y cómo podemos atacarla desde la raíz. Y por eso, llegamos tarde.

Porque finalmente, es en ese plano, el de las ideas, el de las ideologías, el de la cultura, la filosofía de fondo, donde se gana o se pierde el corazón de una generación entera: en los "ismos", las tendencias actuales, las ideologías dominantes, los nuevos marcos que surgen para interpretar la realidad y que pretenden que esta se ajuste a ellas.

Desde esos "ismos" brotan todos los demás temas que se ponen sobre la mesa. Porque cada uno de ellos demanda que pienses y veas el mundo con sus gafas. Porque recuerda, el mundo no es como es, sino como somos, como lo vemos. Y finalmente, nos identificamos tanto con el "ismo", que somos la encarnación de ese mensaje.

A la Colina de Marte no se va a manifestarse con un eslogan, sino a dialogar, a sacar la espada del Espíritu y demás armamento. A profundizar con la excavadora del análisis para ver dónde se fundamentan los planteamientos que "el espíritu de estos tiempos" nos propone.

> "¡Manténganse firmes! Que su ropa de batalla sea la verdad y su protección la justicia".
>
> *Efesios 6:14*

Que estudiemos al oponente es fundamental si tu arte marcial es el aikido. Todo ídolo, toda ideología colapsa en algún momento, se contradice, no cumple lo prometido, y convierte en hipócritas a los que lo siguen. Por eso nuestra sociedad hoy vive tanto de las apariencias.

La Iglesia incógnita debe aprender a estar vestida para la ocasión, y entender que su batalla, su llamado, es principalmente pedagógico: hacer discípulos. Que cada vida cuenta. Eso no se consigue en batallas superficiales, sino en el lugar más profundo y peligroso del ser humano: el alma, la mente. Donde las que pelean son las ideas.

Y el diálogo es la batalla. La Colina de Marte no es para tomar el sol; su nombre ya nos advierte de lo que se trata. Pablo llegó allí, construyó puentes culturales mencionando a sus propios pensadores y artistas, y luego, con la espada del Espíritu dio una estocada contracultural, la resurrección que rompe el marco de referencia de todos los "ismos".

Pablo era un luchador experto y entrenado, conocía su llamado y las cicatrices del pasado le contaban como medallas. La Colina de Marte era donde se jugaba el futuro, el alma de un continente entero. Su fe en Jesús, sus ideas, regaron toda Europa del mensaje de la Resurrección, que es el único capaz de expulsar a huéspedes indeseados de la mente y el corazón humano y que puede vencer a campo abierto al poder del mal y de la muerte.

Épico.

SILENCIO: MENTE PENSANDO

"Pensar es el diálogo del alma consigo misma".

Platón.

- ¿No los odias?

- ¿A qué?

- Estos incómodos silencios. ¿Por qué creemos que es necesario decir tonterías para estar cómodos?

-No lo sé, es una buena pregunta.

Mia Wallace y Vincent Vega. Pulp Fiction.

Nos acercamos al final de mi discurso. Y ya tengo nostalgia. Te echaré de menos. Aunque esto que lees no son mis pensamientos en este momento, en algún momento lo fueron.

Y como mis pensamientos, que no sé muy bien lo que son, han llegado a tu mente, y tú me estás entendiendo... solo puedo reflexionar en quietud y disfrutar del milagro.

Estamos en un diálogo mediado por mis manos, que pulsaron las teclas de mi ordenador, y que viajó por las redes desde la costa del Mediterráneo al otro lado del océano para ser corregido y reenviado a otro lugar para vestirlo de la mejor manera, y por último llegó a una imprenta para convertirlo en un libro físico que después de ir probablemente por tierra, mar y aire, ha llegado a tus manos, y ahora, a través de tus ojos y tus neuronas, el código compartido de letras y palabras, a las que arbitrariamente les hemos asignado un sonido y un significado, se ha convertido en conceptos que tú en este preciso momento estás pensando.

Estás dialogando con un autor que ya no es el mismo que era, y cuyas ideas habrán cambiado un poco. Ahora (no sé ese "ahora" cuándo es) quizá haría las cosas de otra manera, más capítulos, o menos, pero es lo que hay, y me parece precioso. Yo ya no estoy aquí, pero tú sí. Y en medio de todo lo que estaba ocurriendo, entre tú y yo había silencio.

Y aunque habré cambiado, sigo siendo el mismo. No quiero parar de golpe, estoy queriendo frenar poco a poco, queriendo llegar a la calma. Un lugar poco frecuentado y visitado, si queremos vivir con ese Jesús, que sigue siendo la pregunta.

Todo esto lo escribo para estar lo más cerca posible de ti, con las dificultades que en nuestro caso conlleva; ni siquiera te conozco para decirte que el silencio puede ser un argumento extraordinario para convencer. En el diálogo, lo más importante, muy por encima de articular palabras, es escuchar. Prestarnos, en cuerpo y alma, al otro. Podemos tener un diálogo sin decir una palabra, mirándonos a los ojos, quizá acompañándote en el dolor, en silencio. Pero ya estamos comunicándonos, relacionándonos.

Y, al contrario, podemos hablar, tú y yo, pero nunca generar un diálogo, sino dos monólogos donde ni empatizamos, ni comprendemos: solo queremos decir lo que nosotros pensamos y no estamos abiertos a recibir nueva información que nos pueda cambiar.

¿Cómo es nuestro diálogo con nuestros prójimos? ¿Cómo es nuestro acercamiento al mundo? ¿Son dos monólogos? Jesús entonces jamás será escuchado. En la Colina de Marte, muchos van a soltar su monólogo. Pero nuestro Jesús es demasiado importante para que no le presten atención. Así que guardar silencio y oírles, puede ser lo más increíble que hayan visto. Escucharles puede ser un mensaje innovador, el principio de una buena noticia. Cuando regalamos silencio en la conversación, estamos dando tiempo para que ocurran los diálogos internos del alma.

CUANDO REGALAMOS SILENCIO EN LA CONVERSACIÓN, ESTAMOS DANDO TIEMPO PARA QUE OCURRAN LOS DIÁLOGOS INTERNOS DEL ALMA.

La quietud es un espacio ideal para el pensamiento real, reflexivo y profundo. Sin él es imposible un diálogo que merezca la pena.

En nuestras conversaciones también tenemos "horror vacui", y debemos eliminarlo. El silencio es importante para dar tiempo a la mente para reflexionar. Y para hacerse preguntas acerca de lo que han dicho. Hablar demasiado llenando los vacíos hace que las mentes sean perezosas, que no se ejerciten, es como la comida rápida cerebral.

Silencio, quietud. Paz. También puede ser corriendo, pero ya me entiendes. Es en esos momentos donde los "inter-rogantes" surgen, y también la inspiración. Donde Jesús puede cuestionarnos, donde la Verdad puede poner en duda el modo automático en el que estábamos.

Tal vez por eso, la sociedad nos arrastra a la falta de silencio. Sin él, el pensamiento crítico se dificulta, siempre teniendo que gestionar todos los datos e información externa que nos bombardea. Por eso la Biblia nos anima a meditar, constantemente, como parte necesaria de nuestro crecimiento espiritual. Como parte del diálogo con Dios, con una fe meditada, razonada, probada, analizando las estructuras que dan forma a nuestros argumentos, a nuestras ideas, y cómo estas, conforman nuestro actuar, nuestro ser, y determinan nuestro futuro:

"... sino que se deleitan en la ley del Señor, la meditan día y noche. Son como árboles junto a las riberas de un río, que no dejan de dar delicioso fruto cada estación. Sus hojas nunca se marchitan y todo lo que hacen prospera".

Salmos 1:2-3

"Toda la infelicidad de los hombres se debe a un solo hecho, a no poder permanecer en silencio en su habitación".

Penseés, Blaise Pascal.

MI DIÁLOGO FAVORITO

A Jesús le encantaba dialogar con la gente, estaba abierto a toda conversación enriquecedora. Era parte de su Traditio. Y cuando quería que alguien fuera su discípulo le decía sencillamente: "Sígueme".

Jesús no pidió ni una sola vez: "Adórame". Pero sí pidió que lo siguiéramos.

Hoy preferimos adorarlo a lo lejos que seguir sus pisadas. Preferimos reconocer lo que hizo, pero no nos arriesgamos a ser como Él. Porque creemos que no damos la talla, porque nos equivocamos, porque nuestras inseguridades, nuestras dudas y nuestros errores pesan demasiado.

Hay conversaciones que te cambian la vida. Para Pedro esta fue crucial. Jesús había resucitado, pero Pedro tenía serias dudas. No de Dios. De Él mismo, de si podía seguir a Jesús, después de todo.

¿Qué le iba a preguntar Jesús? ¿Qué le iba a demandar? ¿Recibiría su castigo por traicionarlo no una ni dos, sino tres veces? ¿Le exigiría algo extra? Las dudas acerca de cómo era Dios, Jesús de Nazaret, tenían a Pedro en alerta. Tarde o temprano tendría su merecido, y averiguaría quién es quién. Ese momento llegó una mañana:

Después de desayunar, Jesús le preguntó a Simón Pedro:
—Simón, hijo de Juan, ¿me amas más que estos?

Pedro le contestó:
—Sí, Señor, tú sabes que te quiero.

Jesús le dijo:
—Cuida de mis corderos.

Jesús volvió a preguntarle:
—Simón, hijo de Juan, ¿me amas?

—Sí, Señor, tú sabes que te quiero.

Jesús le dijo:
—Cuida de mis ovejas.

Por tercera vez Jesús le preguntó:
—Simón, hijo de Juan, ¿me quieres?

Pedro se puso triste de que Jesús le preguntara por tercera vez: «¿Me quieres?». Entonces le dijo:
—Señor, tú lo sabes todo; tú sabes que te quiero.

Juan 21:15-17

Si Dios lo sabe todo, ¿por qué pregunta? Porque su propósito es restaurar la relación. Porque el amor es la única epistemología verdadera, de cómo conocemos la realidad. Para conocer verdaderamente algo hay que amarlo, no estudiarlo fríamente.

Pero Dios es amor.

¿Me amas?

A Jesús no le interesa hacerte un examen de teología sistemática, esa pregunta sería más fácil. Tampoco es un examen de ética, *"todo esto lo he obedecido desde que era joven"*, dijo el joven rico de Marcos 10. *"Jesús lo miró con amor y le dijo: "Solo te falta una cosa..."".*

Tampoco la pregunta va a ser qué has hecho por Él.

¿Me amas?

Pedro le había dicho que sí, y había recibido la orden: *"Cuida de mis ovejas"*. Sírveme de manera práctica. No necesitas ser como yo para servirme, necesitas servirme para ser como yo. Y solo puedes servirme si sirves a los demás, a mis corderos, mis ovejas. Amando al prójimo, se ama a Dios.

Y Jesús parece un disco rayado.

¿Me quieres?

Y a Pedro le entristeció que por tercera vez le preguntase lo mismo. (A mi juicio es la misma pregunta tres veces, la diferencia de palabras en griego tiene una explicación más bien estética que teológica; tengo serias dudas de que Pedro y Jesús hablasen entre ellos en griego. Además, Pedro se entristeció de que le dijera *por tercera vez* "¿Me quieres?").

Tres veces le negó, tres veces dudó de Jesús, dudó de sí mismo, dudó de Aquel que lo amaba más que nadie, y que por tanto lo conocía más que nadie.

Y tres veces se encontró con la misma pregunta.

¿Me amas?

Señor, tú lo sabes todo, tú sabes que te amo.

Dios lo sabe todo, pero pregunta. Buenas preguntas, nuevas preguntas.

Buenas y nuevas. Preguntas que dan vida.

Al final del evangelio las últimas palabras pronunciadas por Jesús, después de este diálogo, fueron para Pedro, pero también son para mí:

"–Tú sígueme".

APOCALIPSIS: LA PREGUNTA FINAL

"En eso noté que el que estaba sentado en el trono tenía en la mano derecha un pergamino enrollado, escrito por detrás y por delante y sellado con siete sellos. En aquel mismo instante, un ángel poderoso preguntó con voz fuerte: '¿Quién es digno de abrir el pergamino y romper

sus sellos?". Pero nadie, ni en el cielo ni en la tierra ni debajo de la tierra, podía abrirlo para leerlo.

No pude contener el dolor que me embargó ante la desgracia de que no hubiera nadie digno de revelarnos el contenido del pergamino, y rompí a llorar".

Apocalipsis 5:1-4

¿Quién? La pregunta retumbaba en los cielos.

Llegamos al final.

Y, contrariamente a lo que piensa la gente, Apocalipsis no es el final de la historia: es el principio de la historia que jamás tendrá fin. Pero para ello, una última pregunta sí debe ser contestada. ¿Quién? Porque esa es la pregunta final. La realidad final, la Verdad final, la cuestión definitiva no es qué, o por qué, o dónde, ni cuándo. Es quién.

Quién. Esa es la pregunta. El diálogo llega a su cenit.

¿Quién podrá darle sentido a todo? ¿Será una cosmovisión? ¿Un "ismo"? ¿Un trabajo? ¿Un nuevo descubrimiento científico? ¿Una nueva moral? ¿Un partido político o una causa justa? ¿Cuál es el propósito de este universo? ¿Acaso lo tiene? ¿O es un pergamino imposible de descifrar? Las preguntas nos acompañan, pero Jean Paul Sartre sucumbió ante la náusea que genera saber que nada tiene sentido. Que nadie es digno.

Cuando Juan lo vio, se echó a llorar. Yo también lo haría.

La ciencia explica cómo, pero no por qué, y nosotros amamos esa pregunta, la necesitamos. Y las filosofías, a estas alturas, han colapsado.

Si Dios no existe, la vida es fútil, nada tiene significado; si Dios está muerto, el hombre también lo está. Y es imposible interpretar el pergamino; nada tiene sentido ni significado, tampoco mi vida.

"El hombre moderno pensó que, al librarse de Dios, se había librado de todo aquello que lo reprimía y lo ahogaba, sin embargo, se dio cuenta de que al matar a Dios se había dado muerte a sí mismo; pues sin Dios, la vida no tiene en última instancia significado, valor, ni propósito".

William Lane Craig

¿Quién? Jesús.

Jesús es la pregunta. Todo se trata de Él.

"Porque, todo fue creado por Dios, existe por él y para él.

¡A él sea la gloria siempre! Así sea".

Romanos 11:36

En aquel cuadro evocador de Apocalipsis 5 Juan vio un león. ¡Un león extraordinario! Él podría acabar con el dolor y reinar, era poderoso y podía poner orden al caos de nuestras dudas. Ni la psicología, ni la sociología, ni la filosofía, podían darme respuestas. Pero esta pregunta evocadora *¿quién?* quizá me pueda indicar hacia dónde dirigirme.

Pero cuando Juan volvió a ver al León, ya no estaba. Había un cordero, una paradoja apareció frente a Él. Un cordero herido, con una historia maravillosa que contar. Él sí era digno. Yo no. Mi mente no, no es capaz, pero Él sí. Él puede poner en cuestión todo, porque vino y se enfrentó a la mayor cuestión de todas: la muerte, el no-ser. Sus heridas lo demuestran. Su vida y su muerte históricas rompieron los sellos. Rompió la historia. Y abrió el pergamino, y vimos.

Resucitó. Y de repente todo cobraba sentido. No hay filosofía que pueda contra Él.

Jesús es la pregunta, por Él existe todo, y todo es para Él. ¿Cuál será mi respuesta?

El siguiente versículo de Romanos es claro:

"Por esto, hermanos, tomando en cuenta el amor que Dios nos tiene, les ruego que cada uno de ustedes se entregue como sacrificio vivo y santo; este es el único sacrificio que a él le agrada".

Romanos 12:1

De eso se trata cada uno de estos siete episodios. De tu respuesta, en medio de tus preguntas y tus dudas.

Tú lo sabes todo.

Respondamos a la pregunta de Jesús. ¿Quién?

La última frase en el griego dice que esa respuesta, la de entregarnos con confianza a Dios porque Él nos ama, es nuestro culto racional, nuestra respuesta lógica. Jesús no está pidiéndote que seas ilógico. No. Está pidiéndote que tomes en cuenta las evidencias de su amor y actúes en consecuencia. De manera lógica y vivencial. Entregándote. Es lógico, si Dios es quién dice ser.

Esa es la clase de diálogo que Jesús quiere tener contigo.

El murió por mí, yo viviré por Él.

Todos viviremos por Él.

¿Quién?

Jesús es la pregunta, y esta será la respuesta de la creación:

"Escuché entonces el canto de millones y millones de ángeles que rodeaban el trono, de los seres vivientes y de los ancianos. Cantaban esto a gran voz:

'El Cordero que fue sacrificado es digno de recibir el poder, las riquezas, la sabiduría, la fortaleza, la honra, la gloria y la alabanza'".

JESÚS ESTÁ PIDIÉNDOTE QUE TOMES EN CUENTA LAS EVIDENCIAS DE SU AMOR Y ACTÚES EN CONSECUENCIA.

Apocalipsis 5:11-12.

Y este es el final del sermón. En algunas iglesias históricas, tradicionales, todo termina con un postludio, una pieza musical que invita a la reflexión de lo escuchado, que intenta transportar la palabra a nuestros corazones, a nuestra voluntad, y nos "con-mueve" y nos ayuda a digerir el mensaje ¿Lo probamos?

POSTLUDIO

Quisiera que estuviéramos en una catedral, con muchas vidrieras atravesadas por haces de luz y cuyos colores y formas la convirtiesen en una imagen de la trinidad, un cordero, un león, una paloma. También con imágenes de la historia de la creación, árboles, naturaleza. Que todas las paredes cuenten la historia de las historias. Y, al contrario que en la Capilla Sixtina, no aparezca Adán intentando tocar con un dedo el Dedo de Dios. Sino al Padre abrazando a su hijo. Al fondo, un órgano, y alguien tocando un postludio que retumba por todas las paredes. La tocata y fuga de Bach, o un tema de Coldplay. Al lado de cada banco un espacio para dejar el café con leche o el capuccino y un cargador del móvil. Fundamental.

Huele a incienso, o mejor, a esas velas sabor vainilla, chocolate o canela. Lo que prefieras, es tu imaginación, no la mía.

Estamos en el medio, sentados. En quietud. Mirando, contemplando, e intentando asimilar cuál es la pregunta de este libro, de este discurso. Y hacemos memoria de lo "escuchado".

Jesús. Preguntas.

Hay muchos tipos de preguntas: retóricas, difíciles, fáciles, enrevesadas, preguntas trampa, preguntas abiertas, cerradas, reflexivas, directivas, existenciales o sin importancia, esquivas, inverosímiles, embarazosas... Incluso preguntas sin respuesta.

Pero lo importante es que podemos hacer preguntas. Porque el primero que las hizo fue Dios. Desde *el génesis de las preguntas*, Papá Dios apeló al ser humano para hacerle avanzar, para entablar una relación con él, porque esa es la prioridad de Dios. No es una prioridad intelectual, sino relacional. Así es nuestro Dios.

Y por eso, *Cristo es la pregunta*. Él es el intento definitivo de Dios para conseguir esa relación de amor que da identidad existencial a todo aquel que se encuentra con Él.

Jesús, su vida, muerte y resurrección pone en duda todo lo que dábamos por hecho, y nada se escapa de su análisis, de ese terremoto cuyo epicentro se dio en la cruz del calvario pero que afecta a todas las áreas de nuestra vida. Jesús interpela a todas las filosofías e ideologías, todo queda al descubierto ante su persona, La Verdad.

Desde entonces, una comunidad de seguidores hemos recibido la herencia de seguir cuestionando la realidad a la luz de este hecho llamado Jesús de Nazaret. Seguimos su "*Traditio*" en un baile entre *traición y tradición*.

Porque somos herederos de ese Jesús que puso todo en entredicho. Nuestra tradición es seguir cuestionando lo que creíamos cierto, para seguir avanzando en su proyecto, el Reino de Dios.

No vivimos entre certezas sino entre incertidumbres, y en medio de esas tormentas ejercitamos nuestra fe. Andamos sobre las aguas.

Pero el mundo necesita seguir escuchando la pregunta que Jesús es todavía hoy para los "pre-supuestos" sobre los que las personas han construido su vida.

Por eso, ponemos sobre la mesa una serie de *cuestionamientos* que podrían ayudarnos a ser fieles a nosotros, a Dios, y a cómo el mundo es. Solo así podemos acercarnos a la Verdad y conocerla. Una Verdad que no es discursiva solamente, sino vivencial.

La espiritualidad está íntimamente ligada al misterio, al ruego, no a tener la razón, sino experimentarla, entrar en razón.

Y nuestra respuesta a Dios no puede ser una creencia correcta, doctrinal, no. Es entrega, en cuerpo, alma y espíritu. Sin necesidad de tenerlo todo claro. Y en el corazón de esta aventura existe una relación dinámica entre dos conceptos complementarios y en constante tensión: *interrogante y respuesta*, para avanzar y ser "co-herentes", un pulso que no se resuelve, sino que forma parte intrínseca de la "con-versación" a la que el Padre nos invita. No podemos sustituir una espiritualidad viva, por el frío discurso "correcto". Y debemos estar dispuestos a confiar, cuando las respuestas no estén claras. Y seguir caminando.

Solo así, *la Iglesia incógnita*, podrá cumplir con su vocación, con la comisión de seguir cuestionándolo todo, para dar respuesta, hacer discípulos de aquel Jesús que comenzó nuestro movimiento de cambio y transformación, que debe darse a conocer con toda su fuerza hoy más que nunca.

Y para ello somos llamados a hacerlo no con monólogos unidireccionales con ánimo de dogmatizar a todos y sin derecho a réplica, sino a través de los *diálogos*, el ecosistema de la comunicación efectiva y en amor. Donde miramos a los ojos a nuestros interlocutores y descubrimos en ellos humanidad, los escuchamos, como hace Dios, construimos puentes con ellos y cambiamos nuestro talante para vivir un cristianismo como Cristo, al que le encantaba hablar con la gente.

Escuchamos la melodía y los últimos compases van dando fin a la obra. El elegante *"ritardando"* nos ayuda a pausar con la música nuestras emociones. Termina, y no mediamos palabra, porque las palabras se las lleva el viento. Pero el viento también ha traído palabras a nosotros, que nos animan (que mueven nuestra alma), que nos han cuestionado, y nos impulsan a actuar. Salimos de ese espacio imaginario que hemos creado por un momento y miras a tu alrededor, tu realidad. Sabiendo que hay algo que debes hacer.

Nos es impuesta necesidad; lo hemos conocido y ahora estamos seguros de una cosa, de quién es Él: el camino, la verdad, la vida, el Hijo de Dios, el Salvador, y eso te ha cambiado a ti; y a través de ti, va a cambiarlo todo.

Y si miras por encima de las páginas de este libro sabrás a qué te está llamando Jesús, ¿o no sabías que Él estaba todo el tiempo ahí contigo? Te dejo con Él. Yo me tengo que marchar, para seguirlo; si tú estás con Él y yo también, nos veremos algún día. De eso estoy seguro.

Tú, responde.

Porque hoy, sin *"duda"*,

Jesús es la pregunta.

Adiós.

ADENDA

¡JELP! VIRALIZAR EL PENSAMIENTO

Me encanta el acróstico que genera sin querer el título de este libro. Es un grito de ayuda mal escrito, y con cierto aire cómico. Y me recuerda a una canción de Los Beatles, el primer grupo de música que se hizo viral.

He de echar mi pan a las aguas. Y quiero comenzar la conversación, no tener la última palabra.

Por eso quiero referirte a *www.e625.com/JELP*. Allí encontrarás preguntas de los episodios, para generar diálogos, con amigos (el café es opcional, pero deseable).

El sembrador salió a sembrar. Es lo único que he hecho. Salir, a sembrar. O como una abeja, a polinizar. Desconozco en qué tierra habrán caído estas ideas, estas palabras o si alguno de mis vuelos habrá permitido que el polen haga florecer algo que merezca la pena. Eso ya no está en mis manos. Está en las tuyas.

Que la conversación continúe.

Permíteme terminar con el final del último evangelio, a modo de regalo, para ti:

> *"Jesús hizo muchas otras cosas, tantas que, si se escribiera cada una de ellas, creo que en el mundo entero no cabrían los libros que se escribieran".*

> *Juan 21:25*

Amén.

BIBLIOGRAFÍA

-Bell, Rob. *Una obra de arte original.* Editorial Vida. Miami, Florida, 2010. (Velvet Elvis, 2005, Zondervan. Grand Rapids, Michigan).

-Buber, Martin. *Yo y tú.* Ediciones Nueva Visión. Buenos Aires, Argentina, 2018. (Ich und du).

-Crossan, John Dominic. *Cómo leer la Biblia y seguir siendo cristiano.* PPC Editorial. Boadilla del Monte, España, 2016. (*How to read the Bible and still be a Christian,* 2014. Harper Collins).

-Dostoievski, Fiódor M. *Los hermanos Karamazov.* Ediciones Cátedra. Madrid, España, 2013. (Bratia Karamázovy).

-Dawkins, Richard. *El espejismo de Dios.* Espasa Libros. Madrid, España, 2010. (The God delusion, 2006).

-Frankl, Viktor. *El hombre en busca de sentido.* Herder editorial, Barcelona, España, 2004. (Ein PSychologe erlebt das Koncentrationslager, 1946).

-Hadjadj, Fabrice. *La fe de los demonios.* Editorial Nuevo Inicio. Granada, España, 2009. (La foi des Démons, 2009, Yves Briend Editeur. París).

-Harari, Yuval Noah. *Homo Deus.* Editorial Debate. Barcelona, España, 2017. (Homo Deus, A Brief Hisotry of Tomorrow. Israel).

-Keller, Timothy. *La cruz del rey.* Publicaciones Andamio. Barcelona, España, 2013. (King´s cross. 2011. Redeemer Citynet and Timothy Keller).

-Keller, Timothy. *La razón de Dios.* Publicaciones Andamio. Barcelona, España, 2014. (The reason of God, 2008).

-Küng, Hans. *Jesús.* Editorial Trotta, Madrid, España, 2014. (Jesus 2012).

-Lewis. C. S. *Mero Cristianismo.* Ediciones RIALP. Alcalá, España, 2005. (Mere Christianity, 1942).

-Moro, Tomás. *Utopía.* Ediciones Plutón. Barberà del Vallés, España, 2010.

-Nietsche, Friedrich. *Así hablaba Zaratustra.* Editores Mexicanos Unidos. Ciudad de México, 2019. (Also Spracht Zaratustra).

-Ortega y Gasset, José. *La rebelión de las masas y otros ensayos.* Alianza Editorial. Madrid, España, 2014.

-Peterson, Eugene. *Así hablaba Jesús.* Editorial Patmos. Miami, Florida, 2012. (Tell it Slant, 2008 Wm B. Eerdmans Publishing Co. Grand Rapids, Michigan).

-Peterson, Eugene. *Cómete este libro.* Editorial Patmos. Miami, Florida, 2011. (Eat this book. 2008, Wm B. Eerdmans Publishing Co. Grand Rapids, Michigan).

-Platón. *Diálogos. Alegoría de la caverna, Gorgias, el Banquete, Fedon.* Ediciones Brontes. Barcelona, España, 2018.

-Rohr, Richard. *La Biblia y su espiritualidad.* Editorial Sal Terrae. Maliaño, España, 2012. (Things Hidden, Scripture as Spirituality, 2012 Anthony Messenger Press, Cincinnati, OH).

-Sampedro, Alex. *Artesano.* Editorial e625.com. Dallas, Texas, 2018.

-Sartre, Jean-Paul. *El existencialismo es un humanismo.* Edhasa. Barcelona, España, 1999. (L´ Existentialisme est un humanisme).

-Shakespeare, William. *Hamlet.* Ediciones Libertador, Buenos Aires, Argentina, 2008.

-Shelley, Mary. *Frankenstein.* Editorial el Ateneo. Buenos Aires, Argentina, 2018.

-Swinburne, Richard. *¿Hay un Dios?* Ediciones Sígueme. Salamanca, España, 2012. (Is there a God? 1996).

-Vidal, César. *El Nuevo Testamento interlineal.* Grupo Nelson. Nashville, Tennessee, USA, 2011.

-Willard, Dallas. *Escuchar a Dios.* Editorial Peniel. Buenos Aires, Argentina, 2016. (Hearing God, 1984. Intervarsity Press. IL, USA).

Willard, Dallas. *La divina conspiración.* Editorial Peniel. Buenos Aires, Argentina, 2013. (The divine conspiracy, 1997. Harper Collins Publishers)

-Wright, N. T. *La resurrección del Hijo de Dios.* Editorial Verbo Divino. Estella, España, 2008. (The resurrection of the Son of God, 2003).

ALGUNAS PREGUNTAS QUE DEBES RESPONDER:

¿QUIÉN ESTÁ DETRÁS DE ESTE LIBRO?

Especialidades 625 es un equipo de pastores y siervos de distintos países, distintas denominaciones, distintos tamaños y estilos de iglesia que amamos a Cristo y a las nuevas generaciones.

e625.com

¿DE QUÉ SE TRATA E625.COM?

Nuestra pasión es ayudar a las familias y a las iglesias en Iberoamérica a encontrar buenos materiales y recursos para el discipulado de las nuevas generaciones y por eso nuestra página web sirve a padres, pastores, maestros y líderes en general los 365 días del año a través de **www.e625.com** con recursos gratis.

zona de contenido
PREMIUM

¿QUÉ ES EL SERVICIO PREMIUM?

Además de reflexiones y materiales cortos gratis, tenemos un servicio de lecciones, series, investigaciones, libros online y recursos audiovisuales para facilitar tu tarea. Tu iglesia puede acceder con una suscripción mensual a este servicio por congregación que les permite a todos los líderes de una iglesia local, descargar materiales para compartir en equipo y hacer las copias necesarias que encuentren pertinentes para las distintas actividades de la congregación o sus familias.

¿PUEDO EQUIPARME CON USTEDES?

Sería un privilegio ayudarte y con ese objetivo existen nuestros eventos y nuestras posibilidades de educación formal. Visita **www.e625.com/Eventos** para enterarte de nuestros seminarios y convocatorias e ingresa a **www.institutoE625.com** para conocer los cursos online que ofrece el Instituto E 6.25

¿QUIERES ACTUALIZACIÓN CONTINUA?

Regístrate ya mismo a los updates de **e625.com** según sea tu arena de trabajo: Niños- Preadolescentes- Adolescentes- Jóvenes.

¡APRENDAMOS JUNTOS!

e625.com   **f y @ ▶ / e625COM**

CAPACITACIÓN MINISTERIAL ONLINE DE PRIMER NIVEL

CONOCE TU CAMPUS ONLINE

www.institutoE625.com

¡**Suscribe** a tu iglesia **para descargar**
los mejores recursos para el **discipulado**
de **nuevas generaciones**!

zona de contenido
PREMIUM
SUSCRIPCIÓN POR IGLESIAS

Libros, Revista, Audios, Lecciones, Videos, Investigaciones y más

e625.com/premium

Libros Online

Revista Líder 6.25

Chat en tiempo real

Suscripción de **materiales premium** para iglesias

Tienda con envíos internacionales

Eventos de **actualización** ministerial

Seminarios para iglesias locales

INSTITUTO e6 25

Educación online **www.institutoe625.com**

e625
te ayuda todo el año

www.e625.com te ofrece
recursos gratis